AQUARIUS

AQUARIUS

AQUARIUS

AQUARIUS

Catcher

一如《麥田捕手》的主角，
我們站在危險的崖邊，
抓住每一個跑向懸崖的孩子。
Catcher，是對孩子的一生守護。

戒掉孩子的拖延症

王意中
心理師——著

【自序】
戒斷拖延，尋找生命中的美麗

當我決定這回要以「拖延」作為書寫主題，我便知道過程中，勢必得重新誠實面對、檢視自己與周遭人事物之間的關係。

事實上，我自己也很好奇，想知道為什麼對於某些該交付的事務，我就是置之不理。縱使將要越過「死線」（deadline），我卻依然不為所動。是不在乎、無所謂，還是心中正在進行一場消極的抗拒？或者，連垂死掙扎都不想而放棄？

為什麼，明知道事情一旦延誤了，很容易造成他人產生負面評價，因而壞了自己原先的形象，甚至可能會影響後續彼此的合作關係，我卻仍選擇拖延？

在拖延的日子中，我能說，那絕對不會是一件美麗的事，甚至，換來的是一波波令人厭惡、作噁、倒胃的感覺。尷尬的是，對於某些事務，我自己卻又抱持著令人激賞的使命必達態度與超完美執行力。這番在乎而不想越過界的心態與反應，也讓我被迫去正視自己的不一致。

我很清楚，對於不同的事務，自己的做與不做、拖延與不拖延，背後其實都有它的涵義。雖然平時選擇漠視去探尋拖延背後所深藏的答案，但我也知道，唯有面對自己的拖延問題，才能爬梳自己內在的心理歷程，仔細探究內心深處，自己與周遭重要他人的關係與在乎程度。

我們難免期待自己在別人的印象中是完美無暇的，而「拖延」勢必會對自己看似堅不可摧的美好形象，帶來絕對的殺傷力。

因為在拖延的背後，也反映了幾件事。

一是自己破壞了與他人的承諾和約定，失去了誠信；二是反映著自己能力不足，及缺乏時間管理的能力；最後，隨著一次又一次越過死線的拖延，很容易讓當事人對自我意象與自我能力產生懷疑。

有時，我們很容易自我說服：「饒過自己吧！」沒錯，許多事情我們確實沒有辦法盡善盡美，但是逐漸戒斷惱人的拖延症，仍是始終不變、應追尋的目標。

拖延絕對會讓我們的內心不美麗，拖延也絕對會讓我們的內在累積令人厭倦的壓力。即便是大人，要面對拖延這樣的問題都著實不易，更遑論對於成長中的孩子——那將是一場更為嚴苛的挑戰。我不想再讓孩子們經歷如此不堪的考驗。

在實務工作上，我總會遇見許多家長抱怨孩子在生活裡、課業中，盡是拖延，很多孩子自己應負的責任、該承擔的事務，卻需要大人在旁邊一再提醒、叮嚀與催促，最後甚至引發衝突。

從表面上看來，拖延似乎反映著孩子無法遵守誠信、履行約定，但事情絕對沒有那麼單純。事實上，其中也牽扯到很多影響執行與完成的關鍵元素，需要大人去了解。當然，也存在著和我們大人一樣的心理轉折。

拖延的問題，一定會一步步地蠶食孩子的自尊及自信。同時，將耗損他對於日常生活事務及課業學習的熱情，接著會對自己和他人的信任關係造成崩盤與潰堤。

沒有人喜愛拖延，但是當一個人陷入拖延的流沙中，卻很容易隨著時間慢慢、慢慢地往下沉。這下沉，對於孩子的成長絕對存在著破壞力以及殺傷力。

拖延是一種選擇，但它絕對不會是一個好的選擇。戒掉孩子的拖延症，能讓孩子對於時間管理發展出更有效的能力，同時也有助於他降低心理上的負擔，維持低耗能狀態，以提升生活品質，並且更從容優雅地面對成長。

這次，透過書寫這本《戒掉孩子的拖延症》，進一步提供戒掉拖延的解決策略與教養方式，期待每位父母（包括我自己）都能有機會更完整地認識孩子的拖延態度、心理以及行為，從中找到可能造成拖延的的因素。

讓我們和孩子一起在期限內戒斷拖延，把事情做好。你會發現，這麼做將會是因應壓力的最佳調適方式。

最後，感謝寶瓶文化朱亞君社長兼總編輯長期的支持，讓我有機會持續將自己多年來在早期療育、兒童青少年心理諮商與治療、父母親職教養與校園心理諮詢等臨床實務，以及自己的實際生活體驗，透過文字和身為讀者的你共同分享。

謹將此書獻給在蘭陽平原上，我親愛的老媽、老婆，以及姵涵、翔立、涵立三好米寶貝。

目錄

【自序】戒斷拖延，尋找生命中的美麗　008

克服拖延第一部——提升時間管理力

鎖定外在與生理條件

孩子寫作業拖拖拉拉，專注力惹的禍？
——營造適當學習氛圍　020

孩子無法判斷輕重緩急，怎麼辦？
——加強對事務的了解　030

當孩子抱怨：「我沒有時間……」
——待辦事項的過濾與篩選 037
孩子總說：「我不知道要做什麼……」
——設定目標、制定待辦清單 045
孩子總是拖到最後一刻才動工，怎麼辦？
——加強自我檢視，將時間具體化 052
孩子沒有時間觀念，怎麼辦？
——提升對時間的知覺與敏感度 064
孩子每件事都想做，好奇心惹的禍？
——提升衝動控制的能力 073
孩子動作慢吞吞，不是因為他懶惰！
——確認肌肉張力與動作發展狀況 080
拖延是ＡＤＨＤ無法改變的宿命？
——為過動兒尋找解套的方法 087

目錄

克服拖延第二部——提升壓力適應力

正向情緒的管理

孩子失去做事的動力，怎麼辦？
——給每件事尋找正面意義 096

孩子因害怕失敗而拖延，怎麼辦？
——留意評價帶來的殺傷力 104

孩子過度在意細節而拖延，怎麼辦？
——別讓完美成為拖延的藉口 113

逃避雖可恥，但有用？
——提升面對問題的勇氣與抗壓性 121

孩子總說：「我就是做不到！」
——正視負面自我暗示的殺傷力 130

戒掉孩子的拖延症

別讓拖延傷了孩子的自尊
——接納拖延事實，重建自信心 139

強迫症引發的拖延，怎麼「治」？
——解決核心的焦慮問題 149

別當濫好人！談孩子的「里長伯式」拖延
——合理拒絕的必要性 157

當孩子「非做完不可」，怎麼辦？
——執著與彈性的巧妙拿捏 164

克服拖延第三部——最省力教養

建立良好互動與生活公約

為什麼孩子「敢」拖延？
——適時提醒拖延的代價 174

目錄

為什麼有些事情孩子就是不肯做？
——談孩子的選擇性拖延　185
面對孩子的「等一下」，我該妥協嗎？
——給予明確的責任區與說話用詞　190
「反正你會幫我做！」
——談孩子的媽寶／爸寶型拖延　198
孩子上學總是遲到，怎麼辦？
——追蹤睡眠週期，建立規律生活　206
孩子生活習慣糟，怎麼辦？
——制定家庭常規，從細微處逐步改變　213
孩子拖延，能不能用條件交換？
——談獎勵的運用　225
孩子拖延，他竟然比我更生氣？
——給家長們的省力教養祕訣　233

戒掉孩子的拖延症

當孩子為尋求注意而拖延，怎麼辦？
——談孩子的蓄意性拖延 241

爸爸媽媽自己也愛拖延，怎麼辦？
——展現決心，建立身教 248

克服拖延第一部 — 提升時間管理力

鎖定外在與生理條件

孩子寫作業拖拖拉拉，專注力惹的禍？

營造適當學習氛圍

媽媽常聽人說，小學一年級的孩子，如果老師不要故意折騰，作業通常大約半小時就可以完成。但這樣的情況在志銘身上卻不管用。

志銘總是得花好幾倍的時間寫作業，還不一定能做完。這點讓媽媽非常頭痛，時間幾乎被志銘綁死，什麼事情都做不了。

讀幼兒園時，還沒有明顯感覺到志銘的拖延性格。直到進入小學，各科作業、評量、測驗卷紛紛而來時，志銘馬上「原形畢露」。

志銘每天都會從學校帶回不同的作業，這讓媽媽每天一到放學時間就莫名焦慮。甚至考慮要不要讓志銘去上安親班，花錢請人來解決他那拖延的毛病。

這回，志銘在書桌前那副懶散模樣又讓媽媽受不了了。

「志銘，你在發什麼呆！一下看窗外，一下又摳腳，到底在幹麼？」

「隔壁的姊姊寫功課只要半小時，你卻花了三、四個小時，還沒寫完！」

「你到底要寫到幾點？」

「你動作能不能快一點？」

「你看起來沒那麼笨啊！到底是哪根筋不對？」

「別再拖了，行不行？」

媽媽使盡全力地罵，嘴巴沒有停下來過，多希望哪句話能撼動志銘的拖延惰性。然而，不管媽媽怎麼唸、怎麼罵，志銘那張清秀的臉總是露出一副無奈的模樣。看在媽媽眼裡，這孩子總是皮皮的，沒把自己的話當一回事。

「好啦，好啦！媽媽，妳別再說了！我認真寫就是了嘛！」

「認真寫、認真寫！這句話你講了多少遍？」

「不然該怎麼辦？我都說我要認真了啊！」

媽媽每唸一句，志銘就反駁三句，不是急著澄清，就是搬出各種理由搪塞。這一來一往，反而讓志銘寫作業的時間愈拖愈久。不僅媽媽的脾氣來了，志銘也顯得浮躁而不耐煩。「不然怎麼辦？」志銘這句話打中媽媽心裡的脆弱點。說真的，她自己也不知道該怎麼辦。母子倆都很清楚，這寫作業拖拖拉拉的狀況，到了明天、後天，甚至下個月，可能都不會改變。

當孩子寫作業拖拖拉拉，父母到底該怎麼辦？

孩子拖延，心理師這麼說——

掌握孩子的分心狀況

當我們明確知道孩子的專注力品質不好時，第一個關鍵是讓他**自我覺察，了解**

自己的專注力狀態。孩子必須清楚知道自己當下應該要做什麼、是否已經被不相關事物吸引、能否馬上掉頭回來等。

專注力如果回不去了，該做的事情就會一直被擱置在原地，所以父母必須充分了解孩子的專注力品質與他受干擾的分心情況。其中，可能造成孩子分心的原因，分別是來自視覺與聽覺的干擾：

・視覺干擾

有些孩子的弱點，在於容易受到視覺刺激的干擾，眼前太多非相關事物，往往會令孩子的專注力被拉走。這時，**請把不相關的事物移除，讓桌面與學習空間保持簡單**、**清爽**，除了必要物品外，沒有多餘的東西。

至於凌亂不堪的桌面是否會誘發孩子的創造力，這樣的想法請先暫時擱置在一邊。除非孩子平時有所產出，並且準時完成他該做的任務（例如聽說讀寫算等作業或日常事務）。否則，桌面凌亂只會對孩子引來更多分心與拖延的災難。

．聽覺干擾

另外還有些孩子的罩門在於對聽覺刺激的控制力相對薄弱，只要有些微不相干的聲音干擾，就很容易中斷正在進行的事情，該完成的事也就愈拖愈久。

對於這類孩子，可以讓他們在學習過程中，盡可能處在適度的安靜氛圍內。此外，將不相干刺激排除，也將有助於他們把專注力持續在該做的事情上。

營造適當情境

與其不斷抱怨孩子不專心，不如花點時間，好好為他們營造一個適合專注學習的情境。

所謂適當情境因人而異，也會因事情不同而有差異。關於情境的營造，如果一時沒有頭緒，也可以先從父母自己的經驗開始剖析，觀察自己在什麼樣的情境下可以維持較佳品質的專注力，再從中萃取出關鍵元素，套用在孩子身上。

能讓人專注的情境也許是：好的隔音效果、乾淨的桌面、有限的文具用品、角落學習等。不妨把這些元素放入小孩的學習情境中，再觀察其專注力表現。當專注力的品質獲得提升，拖延的毛病也將會有所改善。

採取「非語言」提醒

我們可能常常抱怨：「孩子的心又飛走了。」「他的注意力又渙散了。」

這時，到底該不該在一旁提醒孩子？

當我們決定提醒他時，建議採取「非語言」的提醒。減少用說的方式，特別是太模糊的說詞，例如：「你專心一點！」「你在幹麼！」「發什麼呆！」這些對話無助於提升孩子專注力，而只會產生反效果。

當孩子分心時，可以試著在桌面上輕輕敲一下示意，頂多發出一聲「嗯」作為提示。

留意注意力持續狀況

觀察孩子在每一項活動上所花的時間，了解他的注意力持續狀況——專注力差的小孩，停留在一項活動上的時間總是相當短暫。

孩子三分鐘熱度，往往東碰一下、西摸一下，半途跑去做其他事情，而使得許多事情中途停擺、沒有具體的成果。

請特別留意，這往往是注意力出了問題的初步症狀。

這時，**不妨讓孩子試著專心做一件事情，並且持續一段時間。時間的長短取決於孩子的注意力持續狀況**，一開始可以先設定為十五分鐘，之後再視孩子的表現與狀況，以十五分鐘為一單位慢慢延長。

留意轉換性注意力

所謂轉換性注意力（Alternating attention），是指將專注力從一項活動順利轉移至另一項活動的能力。例如，孩子做功課到一個段落後要求玩線上遊戲，十分鐘後其注意力是否能夠順利回到功課上。

孩子有時很容易從眼前的事物跳開，就像我們事情做到一半，又會打開Facebook留個言、按個讚，再回回LINE。像這樣的中途切換很自然，但要能順利切換回來卻不容易。

只要多一件事，就得面臨在不同工作之間轉換所帶來的心理耗損，往往容易看似忙碌，實際上卻毫無生產力。

其實即便是大人，遇到困難時也會很自然地暫停一下。偶爾從某個情境跳脫出來無傷大雅，也有其必要，重點是，孩子的專注力是否能夠順利回來？每次轉換需要花多久時間？而這些問題都關係到「轉換性注意力」。

請留意孩子在事情與事情之間的轉換是否流暢、乾淨俐落。

每一次轉換，對專注力都是一種多餘的耗損。當孩子轉換過去的事物太具吸引力，例如玩3C，若要把孩子拉回到原先進行的活動上（例如寫作業），難度就會相對增加，拖延的習性又將惡化。

轉換的次數多了，心就容易疲憊。要再回到下一個活動，往往得花更多的時間來調適。因此，當我們發現孩子轉換性注意力不佳時，請給予必要的限制，告訴孩子一次只能進行一項活動。

判斷能力範圍

面對孩子在作業上的拖拖拉拉，我們可以判斷一下，眼前的作業難度是否已超出他的能力範圍？

如果孩子對幾個特定單元比較熟悉，例如七年級的數學科學符號單元，不妨拿該單元的測驗給他，觀察他完成的能力，及花費的時間是否合理。

追蹤孩子是否在每一項課業上都出現拖拖拉拉的現象，如果只發生在單一科目上，例如國文、英語科的完成度比較高，數學則需花費較多時間，我們就必須進一步衡量他在數學基礎或概念上是否有狀況。

爸爸媽媽也要提醒自己，並非每個孩子對所有領域或單元都擅長。比較困難的內容，當然也會耗費較久的時間。

如果家長擔心孩子是因專注力問題而導致拖延，一般來說，注意力有缺陷或困難的孩子，在課業上的表現通常會受到影響，這點可以作為日常的觀察指標。

勉強他，不如教會他

孩子寫作業時，往往容易遇到阻礙便卡在那裡，虛耗了許多時間。**當孩子拖延的核心原因是本身能力不足，與其讓他不斷浪費時間，不如試著教會他。**

舉例來說，做一份數學評量時，孩子若卡在第七題無法繼續下去，不妨引導他先跳到下一題，等題目全都做完了再回到第七題。

如果還是不會，這時，就是要一對一教會他的時候了。

在教導的過程中，也慢慢去了解孩子的能力範圍，找出他的底線在哪裡。如果是因為在學習上有些限制，不管怎麼提升能力都只能停在某個地方，我們也必須坦然接受。因為每個人都必然有自己不擅長之處。

孩子無法判斷輕重緩急，怎麼辦？

加強對事務的了解

子涵家裡採取的是「責任制」。家中的每一個成員都要學習對自己的生活負責。爸媽認為每個人都有自己的生活節奏與做事方式，因此不會去干涉孩子什麼時間該做什麼事，只要能在時間內善盡責任即可。

這樣的教養理念執行了幾年，讀高中的子涵總是能充分展現自律，讓爸媽很放心。就讀國中的子強可就讓人傷透腦筋了。最近子強媽不時和先生提起，這樣的「責任制」是否有必要修正，夫妻倆甚至為此召開「臨時會議」。

讓兩人傷腦筋的原因之一是子強的成績始終不好。以數學科來說，這孩子總是在及格線上下浮動。六十分像個魔咒一般，不時困住子強。

令爸媽不解的是，子強這孩子明明夠聰明。說到他的專心，也不得不令人豎起大拇指。在爸媽眼裡，子強全心投入一件事情的模樣，簡直像日本職人般，可說是達到全然忘我的境界。

但事實擺在眼前，子強的成績就是不好看。而爸媽直覺認為，這孩子對事情的投入順序與時間安排，似乎有待改善。

「這麼晚了還不去睡？我倒了杯牛奶給你。」媽媽端著剛泡好的牛奶，朝亮著燈的書房探頭問。

「明天數學要段考，我還沒看完。」子強睡眼惺忪，邊打哈欠回著。

「你晚上都在幹麼？」媽媽雖然不想過度介入孩子的時間安排，但實在看不下去了。

「晚上把《灌籃高手》這經典漫畫給整套快速翻了一遍。因為舅舅說他上個月去江之島，有到附近漫畫裡的場景照相留影。太令人羨慕了，一時心血來潮就……」

這回不等子強把話說完，媽媽真的忍不住了。

「為什麼不早點讀書？這樣熬夜有用嗎？每次都臨時抱佛腳，不睡覺，當貓熊啊？明天哪來的精神考試？放學後時間那麼多——」

子強心裡也明白，放學後不用像同學一樣去補習班，自己能運用的時間其實很充裕。但如同媽媽所說，每次考試好像都是看心安的。要怪只能怪自己愛拖延，把大半時光給浪費掉了。

書桌前，子強打了個大哈欠，搓揉著幾呈一條線的雙眼。體力早已透支，腦袋也不靈光了。

「我真的不行了！」說完，便倒頭呼呼大睡。

媽媽只能傻眼看著，手上還拿著要給兒子的牛奶。

孩子拖延，心理師這麼說——

自我描述拖延歷程

拖延是種變調的認知狀態，反映了一個人對於某件事情的錯誤判斷，包括對自己能力的了解、如何運用時間，以及這件事做或不做會帶來什麼樣的後果。

我們往往會忽略「沒有做」的後果，甚至高估了自己的能力，而把該解決的事情擱置著。

這時，不妨引導孩子進行自我覺察的練習——自我描述。當然，父母也不至於需要用錄影的方式記錄下孩子的拖延狀況，但是可以**引導孩子動筆寫下，好好描述自己拖延的狀況**。

自我描述寫得愈仔細、愈鉅細靡遺愈好，這麼做將有助於讓孩子了解自身的狀況。畢竟，總是由爸媽、老師來告訴自己拖延的細節，聽在耳裡，只有滿滿的不舒服，聽起來還會像是一種抱怨，一種負面的暗示。

自我評估——我有多少能力和時間？

要正確判斷事情的先後順序，就要熟悉每件事所需要消耗的心力與時間。協助孩子隨時練習對不同事情進行評估，例如眼前某件事情的難度，或在做各學科評量、講義時，預估一下自己大約要花多少時間才能完成、是否有解決的能力等。

在實際演練的過程中，如果孩子無法做出正確的評估（不管結果是高估或低估），我們可以和孩子一起檢討判斷錯誤的原因，再進行後續的修正。透過逐次的修正，孩子的自我評估與判斷將會慢慢與現實吻合。

閒事、正事，誰來定義？

常常令所有爸媽困擾的，就是孩子把「正事」與「閒事」的順序顛倒了。

當媽媽眼中的閒事成為孩子心中的正事，當孩子全神貫注在不那麼重要的事情上，往往正事也不用做了。

我常鼓勵父母，必要時，讓孩子養成「責任制」的習慣，讓他能安排自己所要做的事情的順序。而這需要一次又一次的演練，一次又一次的操作，孩子才能在過程中不斷地修正與調整。

和孩子溝通所謂「重要」的事情時，親子間的看法往往不太一樣。對孩子來說，玩、放鬆比較重要，父母則認為課業當然優先於玩樂。

其實，如果孩子有能力邊玩邊把課業維持在該有的水準，那麼事情的先後順序——先玩？還是先寫作業？就不是重點了。

但**如果孩子分不清楚輕重緩急、優先順序，就很容易把時間花在一些瑣碎、不重要或現在不該做的事情上**。

孩子花太多時間與心力在不該做的事情上，不僅心累了，體力透支了，時間更是不夠用了。這時，要孩子做真正該做的、重要的事情，已力有未逮。就如同子強的例子。考試前一晚的「正事」，該是好好準備考試範圍，子強卻選擇了看漫畫。

就算只是快速翻閱，還是耗了許多時間與精力。

時間點不對，常常會讓孩子誤了事，把時間放到不該放的地方。不過，**閒事或正事，其實沒有一定的準則，只要親子一起討論，尊重孩子的特質後雙方達成共識，就是好事。**

當孩子抱怨：「我沒有時間……」

待辦事項的過濾與篩選

「勇正，我交代你的事做完了嗎？」

「拜託，我哪有時間？妳沒看到我事情很多嗎？」

「不對喔！怎麼會是你這孩子在跟我抱怨？我事情才多哩！」

「催、催、催……誰叫媽媽讓我上了那麼多課，這個也要做、那個也要做，要寫功課，要預習、複習，還要準備考試，我哪有那麼多美國時間？」勇正愈說情緒愈激動。媽媽心裡的一把火也熊熊燒了起來。

「我這麼做也是為了你好啊！你以為上這些課不用錢啊？」

勇正手上的考試、作業、待辦事項，總是一波接著一波。這些永遠做不完的事情就像阿爾卑斯山上的雪一樣——永遠剷不完。這也讓母子倆總是為了做不完的事情爆發衝突。

「勇正，我跟你說——」

「妳可以閉嘴嗎？」勇正咆哮著。

我們常常把生活填得滿滿的，讓自己喘不過氣。

我在醫院服務時，曾遇過一位前來接受心理治療的國小孩子。當時媽媽很驕傲地表示，自己的孩子一個禮拜共安排了十三種課程，其中有英語、游泳、作文及其他才藝課等。當然，也包括醫院的心理課。

那時我心想，如果這孩子要先刪掉一堂課，就先從我的心理課開始吧！

倒不是因為我覺得這孩子不需要被協助，而是，這位媽媽似乎已把心理課當成一種外加課程，像小孩的能力外掛程式一樣。當下我很清楚，眼前優先需要服務的對象並非孩子，而是這位媽媽。

某次演講場合上，一位媽媽表示自己正就讀國一的孩子從星期一到五，放學後補習回家，已是晚上十點。這樣的現象，我們也可以從晚間九點後的公車、捷運上，或補習班前停滿的家長接送專車觀察到。

我常常在想，大人的工作時間，若是從早到晚都沒有喘息時間，會是多麼壓迫和辛苦的事，更何況是這些成長中的青少年？孩子被塞了那麼多的事情，還有足夠的時間好好喘口氣嗎？

孩子拖延，心理師這麼說——

檢視時間的運用方式

當孩子總是抱怨時間不夠，就要找出問題的癥結點，才能知道如何調整與改善。

我們需要仔細了解，在他清醒的時候，時間都花在哪裡？如果他的時間都確實花在你交代的事情上，就得進一步思考，是否給孩子安排了太多的事情？

家長不妨把孩子一天、一週及未來兩個禮拜內，所有要做的事情全部列下來，包括學校老師對課業、考試、作業的要求，家長對於日常生活的要求，孩子本身的興趣和休閒娛樂，以及補習班、安親班、才藝班等。必要時，斟酌減少一些不是那麼重要的事。

如果孩子把大部分時間拿去做不該做的事，例如我們並不期待他去做的休閒娛樂活動，這時的親子溝通與討論，就得聚焦在他應該做哪些事。

同時，孩子也要回頭檢視自己的生活習慣、想法、行為模式，搞清楚自己到底拖延了哪些事情，而不只是重複強調單一說詞：「我沒有時間」。

刪除多餘的事情

我過去有很長一段時間，只要行事曆上有空白處，就想把它填滿。我讓自己承接太多的事情，把可用時間壓縮到自己都快喘不過氣。

過去的我，常自豪這是超完美的無縫接軌，後來才發現我這麼做是非常可笑又愚蠢的，因為那是一種不會過濾、篩選事情，糟糕透頂的時間安排。

我們應該好好檢視孩子每天的待辦事項是否過於繁瑣？是否因為過量的事情而感到身不由己？

小孩需要喘息的空間，才能更有活力地面對那些需要專注的事情。

如果造成小孩拖延的罪魁禍首，是我們給了他太多的任務，那麼，是時候和他一起討論哪些事情該刪減，讓待辦事項「瘦身」。

至於合理的待辦事項應該有多少，這部分因人而異，但是爸媽與孩子必須彼此清楚，並協調出一個合理的數字。

留白的藝術

可以確定的是，每個人可運用的時間都是固定的、有限的，而我們在這些時間空格上填滿多少格，相對地就決定了我們要花費多少心思、體力和時間來處理。

我曾在大學進修部兼課教書一段時間，後來決定放棄講師這份工作。其中有個很大的原因，就是上課占了我太多時間。當我取消了那門課，不再兼課，便多出十幾週的空閒夜晚。在這多出來的時間，我可以安排做其他想要做的事，或是單純地休息。

留白，是一種藝術。留白，是一種態度。留白，是一種哲學。留白，也是一種對待自身生活的看法。無論大人、小孩都需要一些餘裕，適時給自己留白，才有辦法從容面對眼前的待辦事情。

請試著仔細思考與分析，孩子真的有需要在有限的一天內做這麼多事嗎？

很多事情都需要取捨，畢竟一個人的心力、體能、時間、專注力是有限的。太多事情迎面而來，容易讓孩子兩手一攤，大聲宣告：「算了，我放棄了！反正我永遠做不完！」

讓孩子少做一些事情，給他多一些時間專注在眼前的事物，孩子的心理負擔和壓力承受也會減少一些。別忘了，提出任務的常常是父母自己，一旦孩子在心理上宣告放棄，要再讓他動起來，就會更困難。

做好、做滿，有一定的難度。如果希望孩子把事情做好，或許可以先給他一段空白時間。即便心裡認為每件事情都很重要，但是真的不需要每件事情都得讓他去接觸或完成。

時間管理的基本概念

時間管理，決定了孩子要把時間花在什麼事情上。而這些事情，大人跟孩子的判斷不一定相同。每個人都有自己認為最重要的事，父母如此，孩子也是。這當中的差別，往往會讓親子因為彼此期待不同而產生衝突。

先算出每件事情所要花費的時間，再決定每件事情的先後順序。

孩子要學著有效運用時間、分配時間，懂得在什麼時間做什麼事。讓他學會管理自己的時間，覺察自己在怎樣的狀態、做什麼事情，是最低耗能、最有成效的。同時，也讓他知道，只要早點把事情做完、有了多出來的時間，就可以用來做他想做或喜歡的事情。

「你的時間用在哪裡，就會成為那樣子的人。」這是我們常聽到的一句話，套用在孩子身上也是如此。每個人的時間都是一樣的——這點毋庸置疑——因此，我們必須思考孩子需要哪些經驗，在時間上是否具有充分的分配與運用能力。當然，如果日常生活中都是由父母來決定孩子要做什麼，孩子在這方面的經驗值就會少很多。

家長們也要提醒自己，時間管理，並不是要讓孩子在時間內塞滿事情，也不是要孩子做更多事、讀更多書。它是一種對待生命的態度，能讓孩子充分運用自己和時間的關係。

孩子總說：「我不知道要做什麼……」

設定目標、制定待辦清單

書桌前的小峰坐在原地不動，時而望著聯絡簿，時而托腮發呆。他就像個沒有裝電池或被拔掉插頭的機器人，沒有任何動作，只是兩眼無神地在那裡「展示」著。

媽媽走了過來，突然發現時間竟過了這麼久，而小峰什麼都還沒做。拖、拖、拖……媽媽已經受不了小峰這副德行了。

「搞什麼啊？你從剛剛到現在都一直在發呆?!」媽媽問。

「我不知道要做什麼。」

「我不想再聽到這句話！」這回媽媽真的火大了。她實在無法想像，一個人竟然會不知道自己要做什麼?!

「我真的不知道要做什麼啊……」小峰無奈又茫然地說著。那張看似受委屈的臉，讓媽媽更加不以為然。

「別老是裝可憐！我受夠了，你老是在找藉口！」

小峰眼角微濕，試著辯解：「我就是不知道啊！如果知道，我就會做，但我就是不知道要做什麼啊！」小峰的話，像個迴圈在原地繞啊繞地。

媽媽實在聽不下去了，猛搖頭大聲說著：「怎麼會不知道？你看！聯絡簿上寫的這些是什麼？」聯絡簿被媽媽拿在手中用力甩了幾下，都快脫頁了。「怎麼可能不知道呢？說不知道，就可以不用做了嗎？出了社會，沒人會管你『不知道』這三個字啦！」

這次，媽媽的忍耐已經到了極限，怒氣難消。

「難道這孩子真的這麼糊塗嗎？又不是沒交代事情給他，更何況，每天聯絡簿清楚寫著那麼多該做的事，怎麼會不知道要做什麼？根本是藉口！」媽媽心裡很是挫折。但是又何奈？先前還一度以為是自己快到了更年期，現在可以確定，自己是快被小峰這副拖延的德行給逼瘋了。

就算媽媽把小峰罵到自己妝都快花了，這孩子還是那副茫然的樣子。媽媽的步伐亂了，理智線也斷了好幾根。

她很清楚，自己得把老公拉到同一陣線來。沒錯，她需要協助。更何況，當爸爸的怎能置身事外？但在這之前，總得讓小峰做點什麼。

「不能再讓他拖了！沒錯，現在就是要讓小峰開始動手做！」媽媽現在心裡篤定了一些。二話不說，攤開聯絡簿，在第一項打了個圈。「小峰，你現在就做這件事！」

「真的要做嗎？」

「還懷疑啊！」媽媽決定讓小峰不再有遲疑的空間。

孩子拖延，心理師這麼說——

同理孩子的無助感

我們都有渾身提不起勁的時候——腦袋處在無法運轉的狀態，失去了讓自己動起來的誘因，感到慵懶、全身無力，好像全身細胞都進入休眠模式……這時的我們不想動，同時又為自己的「不作為」感到焦慮，心裡很是不安。

孩子在望著天花板或窗外發呆時，也是一樣，並不比較輕鬆，甚至也會在心裡產生一股焦慮與憂愁。那樣的情緒總是無止境地蔓延，讓人渾身不自在。

把自己也曾有過的類似感受向孩子說吧！讓孩子知道，我們也懂他們的心情。

主動給予清單

孩子對於要做什麼事情感到茫然時，我們可以主動提供待辦事項的清單。清單內的項目可以先維持在三項左右，太多項目反而容易讓人不知道從何下手。

清單內容，要注意避開籠統、抽象的說詞。因為這樣的說詞容易讓人不知所措。**讓待辦事項具體化、明確化、量化、條列化**，使孩子能一條一條清楚知道自己應該做些什麼。

如果孩子還是不知道該做什麼，也許可以來場「俄羅斯輪盤」：把未完成的待辦事項條列在紙上，閉上眼睛，轉動一下紙張，隨手指到哪件事，就去著手進行，反正不管選到哪件事，都是本來就該做的。透過這樣的方式，也能減少他的猶豫不決。別忘了，猶豫不決會大大削弱一個人的行動力。

待辦事項跑馬燈

引導孩子在輕鬆的狀態下整理思緒，例如洗澡或散步時。讓待辦事項逐一在腦海裡輪播一遍，如果能在心裡唸出聲音當然更好。在放鬆的狀態下重新整理思緒，讓思緒影像化。就像跑馬燈，一次又一次地反覆播放。不斷在腦海裡提醒自己，並重新調整優先順序。

每輛行駛在高速公路上的車子，都有要去的地方、該下的交流道，基於保持車流量順暢，並維持安全車距，我們會讓一些車子先下交流道。生活中的待辦事情也是如此——為了不導致塞車，得有所疏通。

因此，孩子也需要在腦中建構一些畫面，把要做的事情先在腦海裡面想一遍。如果想確認他是否有進行想像，可以讓他把做某件事的計畫說出來，說得愈仔細，孩子對那件事情的掌握度就會愈高。

製作行事曆

讓孩子製作一份屬於他自己的行事曆吧！

只要是已有書寫、辨識字等能力的小孩就可以進行。有些孩子較不勤於規劃事情，但也因為如此，才更需要動手記下，留下經驗與行動的痕跡。

製作行事曆後，孩子要不時去翻閱，好清楚了解接下來這一天、一星期，甚至

一個月的時間裡，要進行哪些事情。

若要對未來有所規劃與想法，就必須讓行事曆的畫面不知不覺複印在腦海裡，甚至像ＭＯＤ一樣可以「隨選播放」。有畫面就會增加熟悉感，同時也較易於啟動執行模式。

引導孩子在列出清單並完成一件事情後，用力地把它刪除吧！

完成一件事情後，在行事曆上「畫線刪除」也能為孩子帶來成就感與快感。我自己就常常把已完成的草稿資料先撕掉再回收，在用力把紙團往回收筒扔的那一剎那，的確是我最爽快的時候！

孩子總是拖到最後一刻才動工，怎麼辦？

加強自我檢視，將時間具體化

世上有一種線，叫「死線」（deadline）。

明坤總是很享受即將跨上線前，那瞬間如瀕死的快感——緊張、刺激、壓迫、令人無法呼吸。

「那種感覺，就像走在危險的黑森林裡，隱約知道背後有隻巨大的黑熊正往我這個方向來。當我加快腳步想逃離那座森林，那隻黑熊卻不死心地追了過來。我使盡吃奶力氣愈跑愈快，後面那隻黑熊也不甘示弱地愈來愈靠近。說時遲，那時快，眼前出現了山谷，我奮力一跳，竟成功跨越了山谷，把黑熊遠遠拋在腦後。我勝利了！」

明坤炯炯有神，面露驕傲，向死黨們描述著關於死線的「驚險一瞬間」。

明坤的死黨從前有一大票，到現在只剩固定班底阿保和小亮兩人，主要原因還是他那愛打包票，卻又老是跳票的性格。

「你放心，包在我身上！」第一次聽到明坤斬釘截鐵說出這句話的人，可能會對他豎起大拇指，但是當他一而再、再而三地不信守承諾，別人對他的信任也鬆動了。至於明坤的爸媽，別說信任，心早已崩裂成滿地碎片了。

「你不要再跟我掛保證！」

「媽媽，妳不要急嘛！還有那麼多天假，時間很充裕啦！我這次一定會提前做的，一定。」明坤用力握緊拳頭，展現他的意志力。這畫面，簡直像街頭看板上的競選廣告似的。但因為看很多次了，媽媽早就不抱任何期望。

「我不要再等了，作業馬上拿出來！」媽媽已對明坤完全失去信心。

「我這次絕對不會拖到最後一天，媽媽，這集卡通正好看，先讓我看完嘛。不然，我明天一大早就寫，拜託嘛！」明坤仍極力想要說服媽媽。

「不，這回我不能再被他唬住了！」媽媽搖搖頭，讓自己的思緒清醒一些。以前就是太相信這孩子了，結果養成他每件事都拖到最後一刻，火燒屁股才啟動的惰性。為了孩子好，這次一定要堅決！

「不行，明坤，你現在馬上就寫！」

「媽媽，我明天——」

「就！是！現！在！」吃了秤砣鐵了心，媽媽一字一字加重語氣地說著。

孩子拖延，心理師這麼說——

壓迫的快感？請適可而止

有些人總會想尋求被時間追逐的快感。如果能趕在截止日的最後一刻完成，那瞬間是多麼振奮人心，讓人想握緊拳頭用力向下拉，大喊一聲「Yes」！

我自己就曾經是這樣的人。我常常開玩笑地說，自己可能存在著火燒屁股的基因。有時甚至享受著事情完成前，那份緊張刺激所帶來的快感，但是這所謂的快感，通常都是有驚無險的事後解釋，其實過程中是極度不舒服的。

有限的時間會讓人腎上腺素激升而緊張焦慮起來。當然，腦袋裡的壓力也會不斷地升高。儘管如此，明知時間緊迫時總會處在極度焦慮的狀態下，有時還會引發不自主地抽動、喉嚨乾燥、血壓升高、心跳加快、脈搏急促，我們卻還是選擇這麼做。關鍵或許就在於過去總是在危急中逢凶化吉，一次次在死線前，擺脫死神的糾纏並且復活——對某些人來說，這也是一種成就感，就像電影《頭文字D》裡的甩尾一樣，即使在迂迴的彎道上，還是能「逢凶化吉」。

但這一切，請適可而止。

別讓孩子拖延成性

拖延本身是一種習慣的養成，這習慣會一點一滴地累積，如果我們鬆懈了、忽略了，孩子對於時間的運用就會慢慢偏移到拖延這一邊。

凡事拖到最後一刻才做，等到時間運用的習慣側彎了，要再把它調回來，得花費更多的心力。當事人勢必也會更加痛苦，更容易產生逃避的心理。

動態的行為改變歷程

先讓孩子**釐清自己的習慣、想法與看待事物的方式，再進行一場透徹的習慣改變**。這種改變將能帶來神奇的變化。

當他有能力解決眼前的事情，這種「有能力完成」的感覺往往也會讓自信隨之生成，並且從中感受到從無到有的過程。同樣地，藉由一次又一次的修正，孩子也就有機會從中摸索出解決問題的方法。

為什麼我們必須不斷地帶著孩子一起檢視他在處理事情上的狀態？因為，**克服拖延就像是一段動態的自我行為改變歷程，只能依靠不斷的覺察、修正，與調整。**

破除凡事起頭難

凡事起頭難？頭過，身就過！要啟動一件事、解決拖延，一定是從最簡單的部分開始。就像我們必須先把腳抬起來，往前跨出第一步，才有機會帶動第二步。即使是很簡單的事情都沒關係。讓孩子給自己起個頭，一點一點地開始。有了第一步，就能跨出第二、第三步，接著就有機會逐步走完全程。

這時，孩子需要一個簡單的「啟動儀式」，儀式內容很簡單，只要想想以下幾個問題：

我最拿手的事情是什麼？做哪些事情最順手？是否曾經在進行某件事情時，發展出屬於自己的一套模式？這套模式將能幫助我用較短的時間解決眼前的事情——就從這裡開始嘗試吧！

啟動儀式的時間不需要太長，三到五分鐘即可。主要是讓孩子有一種能夠動起來的經驗。同時，陪著孩子一起思考，三分鐘、五分鐘、十分鐘……這些時間分別可以用來做些什麼？

孩子的東摸摸、西摸摸，有時也反映出他可能缺乏目標行為。也就是說，對於自己所要做的事情感到茫然，沒有一個明確的方向和執行的細節，所以總是處在一個「不知道要做什麼」的狀態。

每件事都需要有個開頭。有了開頭，多少就會帶來一些繼續完成的力量。當然，要開始，多少也需要給自己一個可以完成的動力。這時，**設定一個能夠完成的目標**就相當重要。並且，暫不考慮做事情的品質，先求有，再求好。有了雛形後，再進一步慢慢調整。

有時**煩躁、低落等負面情緒，也容易讓人將眼前的事情擱置在原地**。**因此要讓孩子感受到「完成」的快感和成就感，有種「一切都在我的掌握之中」的感覺**。接著，再讓他依自己的進度、節奏，決定做事的速度與方向。這樣的自我回饋將有助於孩子再次啟動執行的能力與行動力。

觀察孩子掌握進度的能力

關於孩子的判斷力好不好，不妨找件事情當例子，徹徹底底地從各種角度、所有面向加以討論，藉此觀察他是否具備精準掌握進度及了解眼前事務的能力。

而在孩子過去的經驗裡，到底有多少證據能證明他做得到？孩子必須練習拿出證據，好說服別人相信他能在有限時間內完成某件事。這麼做也能避免孩子空口說白話。

定期檢視進度、設立截止日

讓孩子設定一段定期自我檢視的時間，比如早中晚、每天、每個禮拜，或每兩個禮拜。**從定期檢視到隨時自我檢視，確確實實地核對自己的執行力是否有跟上待辦進度**。如有落後便立即進行微調，或轉為自動化模式，變成一種不需特別思考就可以馬上動手做的狀態。

同時，孩子要懂得「截止日」的概念。他必須對「最後期限」有感覺，才能知道自己還有多少時間可以運用。而這樣的具體提醒，也能讓孩子隨時保持在一種警覺狀態。

切割待辦事項

孩子很容易自認為時間還很多，就把事情擺在那邊，不去碰觸。但是，這種「反正我有的是時間」的想法是很糟糕的。當我們如此暗示自己，就會在無形中造成相當可怕的時間耗損。

因此，父母有必要讓孩子養成**把時間具體化**的習慣，特別是以分、小時為單位。**引導孩子將一個小時區分成四段，讓每個十五分鐘有起、承、轉、合**。以十五分鐘為一區間，他會比較能夠完成一部分的事情，大人也能藉此仔細觀察孩子在這十五分鐘裡完成了什麼事情、是否有把時間用在關鍵的事情上。

孩子也要依照過去的經驗，確認自己每次可以完成的工作量，再依此標準把待辦事情分割成多個細項，決定每次要完成的工作量。

接著閉眼思考：我是否可以完成它？如果自覺有困難，沒關係，再縮減一些。依此類推，直到自己認為有把握完成為止，隨後就開始動手去做。

設定一段安全時間

以前孩子可能總是等到截止日、死線前才開始做事，現在，他要多給自己預留幾小時或幾天的安全時間。

為自己保留一些彈性時間，比較能夠從容地處理眼前事物，以免總是要到最後關頭才因為時間的壓迫，破壞應有的品質或表現。

丟掉不存在的「理想時間」

有些孩子的拖延，是因為他總是在等待「完美的時刻」來臨，以為在那個時間點做事會是最有效率的。然而，往往等著等著，那樣的時刻沒有到來，拖延卻已發生。

事實上，每個人都很難等到那個時間點的出現，也可以說，那樣的時間根本不存在。孩子最終還是得自行承擔拖延帶來的苦果，否則往往連大人也會被連累。

建議家長們耐心地與孩子探討一個問題：孩子在等待什麼？是在等待未來有更充裕的時間嗎？還是認為「萬事俱備，只欠東風」，而不合理地期待著「東風」吹來？

帶領孩子觀察，在等待的過程裡，他是否又把時間耗費在一些不相干的無謂瑣事上？而那道東風，甚至不一定會吹來。

別期待每回都有好運氣

如果孩子總能在極有限的時間裡加緊趕工並完成，甚至維持該有的品質與水準，那只能說他運氣不賴。但是，不能將一次、兩次的好運視為理所當然，認為自己會有第三次的好運。如果每次做事都靠運氣，只怕這些好運終有一天會被浪費殆盡！

拖延，反映了孩子高估或低估自己的能力、對時間的運用，以及事情沒有完成的後果。拖延，考驗著孩子對事物的判斷力。孩子不能只憑主觀的直覺，賭徒似地押注。面對眼前的待辦事項，千萬別像賭博一樣孤注一擲，把執行的時間全壓在截止日期前。

讓孩子揮別孤注一擲的賭徒性格吧！

孩子沒有時間觀念，怎麼辦？

提升對時間的知覺與敏感度

媽媽從以前就受不了那些沒有時間觀念的人。不論是約定好時間卻老是遲到，或老是以為時間多得很，最後才發現事情做不完的人。

「對不起，我忘了時間！」這句話，媽媽實在無法接受（忘了時間？根本是沒把約定當作一回事吧）。

對於這種沒有時間觀念的人，她通常會採取消極式的互動：臉書不加好友或取消追蹤。幾個讓她受不了的遲到大王總讓她覺得自己不被尊重，便索性封鎖，老死不相往來。然而，有個媽媽無論如何都沒辦法封鎖的人——那總是對時間不敏感的兒子鎮宇。他那每次都忘了人家交代的事情，推、拖、拉的死性子，她實在無法接受。

拖延這件事幾乎成了他們家列管的教養重點。

「天啊！鎮宇你到底在幹麼？」這句話像是廣告台詞，三天兩頭就從媽媽口中冒出來。

這次，媽媽真的受不了了。看著客廳散落滿地的玩具，她恨不得直接拿起大塑膠袋，把觸目所及的玩具當成垃圾掃進袋子裡。

「你是故意的嗎？我不是說樓上的陳阿姨七點要來我們家，讓你把地上的玩具收一收，你到底有沒有在聽？家裡亂成這樣，要我如何見人啊！」

「我哪知道時間會過那麼快，想說再玩一下，怎麼一下子就快七點了……我現在馬上就收。」鎮宇語氣中有些無奈。

「你真的一點時間觀念都沒有耶！再讓你慢慢收，待會電鈴就要響了。」媽媽板著臉，火速收拾玩具，深怕這畫面會壞了自己在社區裡的美好形象。

「下回給我好好注意時間！還杵在那邊？不會過來幫忙嗎？」媽媽拉高嗓門叫著，收拾的動作沒有因此停下來。

「是妳不讓我收拾的啊！」鎮宇壓低音量嘀咕著。

「我……我真想把你封鎖！」媽媽已經氣到語無倫次了。

孩子拖延，心理師這麼說——

引導孩子注意時間

有些孩子對於時間的知覺比較缺乏，甚至對每段時間的長度大概是多少也不太敏感。我們往往不斷在提醒孩子現在時間幾點，卻很少讓孩子自己去注意時間。其實，少了這樣的經驗，孩子對時間會更加不敏感，甚至根本不清楚時間過了多久。

孩子需要具備「時間感」，要能知道在有限的時間裡，自己可以做哪些事、去

到多遠的範圍。

這情況就像我到學校演講一樣。短暫的十分鐘休息時間裡，如果我想逛逛校園、轉換一下情緒，就必須思考：這段時間內，我可以逛到哪個程度？更重要的是，時間一到，我必須能夠立即轉換，順利投入接下來的演講。這其實就像孩子下課玩耍後，是否能夠回來上課，而且不只是身體回來，心思與專注力也要回來。

以收拾為例，孩子必須知道，自己有多少時間可以收拾玩具？收拾這些玩具要花多少時間？以及應該先收拾哪些東西，速度會比較快、效率比較高？而這些都是需要經驗值累積才能判斷的。

當孩子不具備時間的敏感性，就很容易陷入不知所措的茫然；一旦無法掌握當下的進度，就容易做出錯誤的判斷，等到時間逐漸接近，才發現原來已經沒有足夠的時間能做該做的事情（以前面鎮宇的例子來說，就是玩具收不完了）。

關於時間的敏感度訓練，並不單純是對於客觀時間的注意，留意時鐘顯示為幾點幾分只是最基本的訓練之一。如果孩子連時間都不加以留意，也就遑論時間的管理了。

外在時間感的訓練

日常生活中，不妨引導孩子**透過細微的觀察，去注意生活中某些現象與時間之間的關係**。例如：太陽、月亮的方位與高度；白天、夜晚的光線與亮度變化；周圍聲音的轉變，如：上下學、放假日的馬路交通狀況等。

孩子必須加強這方面的敏銳度，以提升自己對外在時間的知覺。必要時，也能輔以手機、電腦、手錶、電視新聞台的顯示時間等，透過觸目所及的時間顯示加以比對、判斷和確認。

內在時間感的訓練

你是否想過，為什麼在下載遊戲時，看著下載進度，總會讓人感覺已經過了好久的時間？

要讓孩子感受時間的流逝，除了外在訊息的觀察和提醒，還有另一種方式，就是**回到內在，了解自己對於時間的感受**。

內在的時間感是一種很主觀的知覺經驗，每個人的感覺都不太一樣，這取決於我們的直覺與判斷是否敏銳與正確。

我們不妨讓孩子**透過生理反應來推估大概經歷了多久時間**，比如進行某件事情時，當下的心跳、呼吸等生理狀況。這樣的練習也可以讓孩子思考自己與這些事情的喜好、厭惡關係。

試著引導孩子，在內心平靜，沒有太急促的心跳、脈搏或呼吸，既沒有盜手汗，也不會腸胃不適的情境下，自行衡量：在這樣平靜的狀態下，時間過了多久？

判斷時間感的差異性

有些孩子特別需要學習判斷時間的長短，加強對時間的敏感度。

在主觀經驗上，每個人對時間都有不同的看法與感受，孩子需要清楚同樣的十分鐘，分別用來看卡通、玩電動，和寫功課、做家事，對自己有什麼差別。同樣地，他也應該去衡量在下課十分鐘這段時間，自己能做多少事情。

這需要一次又一次的判斷與經驗的累積。以前可能下課十分鐘，上完廁所再跑到操場或排隊等個溜滑梯，就差不多要上課了。現在，他得慢慢學著調整下課的活動內容，例如上完廁所，就留在走廊上和同學玩遊戲。

孩子必須一次又一次地思考，為什麼十分鐘內進行不同的活動，會給自己帶來完全不一樣的心理感受？這當中的差別到底是什麼？

有時，當我們投入在喜歡的活動之中，會感覺時間過得相對快一些，希望能多延長一些時間在喜歡的事物上。反之，面對不喜歡、厭惡的事情，總讓人感覺相對漫長、難熬且不舒服。

讓孩子藉由一次又一次的感受，慢慢去掌握在面對眼前不喜歡的事物時，該如何在心態或解決方法上做調整。

當他清楚自己擁有多少時間能運用，就會進一步去衡量想做的事情需要花費多少時間。逐次比較分析後，就能慢慢學會判斷事情的優先順序與哪個部分是可進行的。同時，我們也可以讓孩子預估，每件事情需要多久的時間完成。如果他無法如期完成，或超出所預定的時間，則和他一起檢視哪個環節出了問題，以及還有哪邊可以做調整。

自我檢視做事的效率

請留意，對時間的掌控、對於有多少時間能運用的了解程度、自己的最佳狀態是在何時、適合做什麼事情、在處理事情時是否夠清楚每件事情的內容與細節等，都會影響一個人做事的效率。

而拖延也反映出孩子在解決事情上，可能無法充分發揮應有的效率，因此我們可以試著引導他將眼前的事物秤斤論兩，重新按照重要性進行排列組合，再把自己最好的狀況與時間，用來進行最重要的事情。

想像完成的模樣

我在著手進行一件事情時，通常會先去想像它完成的模樣。畫面愈具體、深刻愈好。接著進一步思考：我需要多久的時間來完成這個任務？再給自己設定一個具體的時間表。

當孩子拖延了，我們也不妨讓他給自己一個**啟動與結束的時間點**，並寫在紙上。由他自己決定要在這件事上花多少時間，然後像電子時鐘般，在腦海裡明確地顯示出時間：幾點、幾分、幾秒。

此外，要**讓孩子看到他自己完成的部分**。這個回饋非常重要，能提升他對掌握時間的自信。當然，如果能讓孩子把這個回饋烙印在腦海裡更好。

孩子每件事都想做，好奇心惹的禍？

提升衝動控制的能力

「啟任，你不覺得自己很貪心，什麼事情都想碰一下？」老師微笑說著。

「唉呦，別說我貪心嘛！我就是有些好奇，一看到新的事情就無法克制。好多事情都好有趣、好新鮮，每件事情我都想去做。」沒錯，在啟任的世界裡，並不存在「無聊」這兩個字。

「好啦！說好奇也可以，但你不覺得自己有那麼點……衝動？我想，在自我控制上，你還可以再多點自我約束。」

「老師，我承認自己是有那麼些衝動，但我就是耐不住，想要立刻擁有它。」

「那麼，這衝動的代價是什麼？」老師刻意拋出問題，希望啟任有所覺察。

「代價嘛……當然就是做了這件事，我就會忘了原本該做的事。老師你知道的嘛！就像零食吃多了，就會不想吃正餐一樣。」

老師發現，啟任的衝動模式主要在於看見事情就想要去做，說話方面倒不至於插話、打斷別人，雖然講話的速度確實快了許多。

「你有想過要控制它嗎？」

「當然想過！但是，想歸想，真的要做卻很困難。」啟任吐了吐舌頭，自己都有些不好意思。「我真的控制不了心裡的衝動，這是實話。如果我可以控制，就不會狀況百出，當然也就不需要定期來和老師見面約談了。」

於是，老師拋出了個棉花糖實驗的例子，想聽聽啟任的反應。

「一群小孩進到實驗室，每位小朋友發一顆棉花糖。這時，研究者要離開實驗室。他告訴你，如果可以不碰這顆棉花糖，等他再進來，就會再給你一顆棉花糖。

「啟任，如果是你，會怎麼做？」

「我當然想要兩顆棉花糖啊！可是，眼前這顆棉花糖已經讓我口水直流了。」

「所以，你會把棉花糖吃了？」

「當然，但是——」啟任停頓了一下，接著沾沾自喜表示，「我會再跟研究人員討第二顆棉花糖。雖然我把第一顆棉花糖吃掉了，但我有能力說服他再給我一顆，因為我太愛棉花糖了！」

老師只能搖頭苦笑。但他依然相信沒有什麼事情是做不到的，包括控制好自己的衝動也是。如果啟任願意的話。

孩子拖延，心理師這麼說——

是出於好奇？還是衝動使然？

每件事情都可以有許多不同層面的看法。對於孩子動不動就想東碰西碰、做不

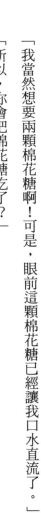

同的事情，有些父母會將之視為孩子探索、好奇、想嘗試的特質，有些老師則會認為這可能是一種衝動的表現。

孩子什麼事情都想嘗試，多少也表示他對於各種事物都有基本的興趣。但是，我們也必須思考：孩子在每件事情上的停留時間到底有多少？

衝動控制失靈，凡事都要碰一下、沾一下的行為模式，往往也會導致拖延的毛病生成。至於該用什麼樣的角度看待？端看這些行為是否為自己或他人帶來麻煩。

「趨」動程式的調整

有些孩子特別愛嘗鮮，凡是新的事物都容易喚起他們趨前嘗試的動力。這部分在一些趨避性（註）氣質中，傾向於「趨」的孩子身上很容易看見。

回到對「拖延」這個字眼的界定：沒有適時進行原本該做的事，以致得花費更多的時間才能把那件事情完成，甚至出現無法完成的情況。

就前述例子來說，問題的癥結點在於啟任常常分心跑去做別的事情，再加上衝動控制能力薄弱，所以很容易出現許多事情他看了就想碰的情況。像這樣，在有許多新奇事物等著孩子去做的情況下，他當然就容易不管什麼事都想嘗試。

那麼，如果因此忽略了當下應該著手進行的事，怎麼辦？就從「衝動控制」與「延宕滿足感」開始練習吧！

享樂與滿足感的延宕

我們都會去尋求立即性的享樂，這是非常自然的現象，但是當立即性享樂使我們把該做的事情擱置在一旁，甚至導致拖延，這時，該如何延宕孩子的滿足感就變得至關重要。

「我想，但是做不到。」像啟任這樣的反應，常常可見。**它反映出孩子在**

● 所謂「趨避性」，指的是孩子在面對新的人事物所表現出來的態度，而氣質傾向「趨」的最典型例子，莫過於注意力缺陷過動症。

「做」和「知道」之間的巨大落差。

這時，親子不妨一起思考，如何做好自我控制？若要延宕滿足感，有哪些做法？就前述的棉花糖測試來說，當眼前這顆棉花糖只能看、不能吃，你該怎麼辦？

和孩子腦力激盪各種可行的做法：

- 閉上眼睛，不看它。
- 二話不說，掉頭就走。
- 緊閉嘴巴，猛吞口水。
- 想像其他感興趣的事物，例如：漫畫、卡通。
- 雙手交錯擺放或手插口袋／手放在桌下。
- 想想其他更好吃的東西，例如：冰淇淋、巧克力鬆餅。

當然，除了上述幾種做法，還有更多可行的答案，可以讓孩子自由想像。想像後，孩子還需要實際演練，並把練習過程中無法克服的細節仔細記錄下來。請注意，演練很重要。孩子往往容易只停在概念上的知道，而缺乏具體行動力。

切換至旁觀者身分

人們對於自己身處其中的問題，很容易存在著盲點。有趣的是當我們換個角色，轉為看向他人，卻可以清楚地給對方建議。因此，我們不妨**讓孩子試著轉換一下角色，以「他人」的角度去思考解決方式**。

例如，在啟任的例子中，我們可以這樣問：「當朋友有求於你：『啟任，怎麼辦？我總是控制不住，一看到事情我就好想去做，我該怎麼辦？』這時，你會給他什麼建議？」

接著，把他說出來的建議條列下來，或者錄音，再原封不動地「奉還」給當事人——孩子，就按照你說的去做吧！

孩子動作慢吞吞，不是因為他懶惰！

確認肌肉張力與動作發展狀況

上小學前，姍姍曾經接受一段時間的早期療育服務。當時，幼兒園老師總是向媽媽反映姍姍動作慢。透過朋友介紹，媽媽帶著姍姍到復健科診所接受評估，隨後醫師建議替姍姍安排診所的職能治療師。訓練的重點，主要在於她的手眼協調及手部張力問題。

過程中，治療師發現姍姍的抓握能力比起同齡的孩子較為落後。治療師也提醒媽媽，這部分將會明顯影響姍姍進入小學後，握筆寫字的品質。

儘管如此，姍姍的爸媽似乎不太當一回事。對於職能治療師的建議，經常是三天打魚、兩天晒網，有想到才加強。後來更是因為忙於工作與家務，沒有再讓姍姍繼續接受療育。對於精細動作低張力與手眼協調的問題，媽媽也沒有特別留意。

然而，很明顯可以觀察到，凡是需要動手的事情，姍姍的意願都不高，能拒絕就拒絕，能迴避就迴避。母女倆總是為了動作慢這件事起衝突。

「姍姍，妳在幹麼？演慢動作嗎？剛才就要妳把桌上的東西收拾好，都過多久了，妳還在慢條斯理地收，桌上還是一團亂！」

「我有在收啊，幹麼一直催我！」

「妳到底要收到民國幾年？看妳這速度，不如我自己收還比較快。」

「我已經很快了啊！」

「這樣叫快？那世上大概也沒有慢這個字了。」

「妳愈說，愈會打斷我，我的動作就會更慢。還不都是妳害的！」

「自己動作慢吞吞，還怪我這個媽媽囉嗦害了妳？」母女倆的對話一來一往地，像一場又一場打不完的乒乓球賽。

其實姍姍心裡很委屈，她覺得自己已經很認真地收拾桌面了。倒不是因為桌上的東西太多才花那麼多時間，而是自己收拾東西時總是「卡卡的」，很是吃力。

關於這點，不只發生在收拾東西這件事上，在寫作業時更是明顯。「我已經很認真在做了！」這句話，姍姍已經說了不只一次、兩次，甚至說過上百、上千次。但是說歸說，媽媽總是看不到姍姍的成果。對媽媽來說，姍姍的慢吞吞等同於「懶」，是她的惰性使然。

但是，對於「懶惰」這樣的評語，姍姍是絕對不願意接受的。

孩子拖延，心理師這麼說——

優先確認動作能力

發現孩子動作慢時，請先暫時將自己心裡的那把火壓下來，優先釐清問題源頭。再次強調，請別急著採取責罵的處理方式，那會使孩子愈來愈挫折，而且他的動作並不會因你的責罵而變得比較敏捷。

你可以在日常生活中判斷孩子是否在每件事情上，如遊戲、娛樂、活動等，動作都緩慢，還是只對你交代的某些事情「選擇性」地動作慢。

如果是本身動作肌肉張力有問題，其拖延反應會是跨情境的，也就是在多數事情上都容易出現動作緩慢的情況。在這種狀況下，通常是孩子有在做事，只是動作很緩慢。

這時，我們需進一步釐清，孩子動作緩慢是否有生理性的原因。**先確認孩子在粗動作、精細動作上的協調能力，以及肌肉張力或肌肉耐力等，是否與同年齡孩子的發展相似。**

關於孩子粗動作、細動作等更進一步的細節評估，可以委請相關醫療院所的復健科物理治療師、職能治療師進行協助評估。至於另一種動作緩慢，請留意是否為態度問題：因動機不足而導致拖延成性。這樣的情況下，我們往往會觀察到孩子把注意力、心思放在其他事情上。他會跑去做別的事情、玩別的東西，不管怎樣，就是沒有在做你要求的那件事。

如果發現孩子動作慢是因為態度問題，那麼，在你下達指令後可以選擇站在一旁，親眼看他立刻把該做的事情完成。除非他能清楚地說明當下非做那件「非正事」不可的理由（而非找藉口搪塞），並且說服你。

同理發展落後的孩子

過去在醫院服務時，復健部的專業團隊是由物理治療、職能治療、語言治療以及心理治療共同合作，一起協助需要幫忙的孩子。接受療育的孩子，包括發展遲緩、自閉症、過動兒、選擇性緘默症、腦性麻痺、智能障礙等。

以腦性麻痺為例，不僅是粗動作、精細動作、口腔、構音、語言表達及認知能力需要被關注，在心理層面上，例如情緒表達與控制、人際互動與社交技巧、自我概念、自我意象、自尊心、自信心及正向行為發展等，也要全面納入考量。這些項目在我當時身處的部門裡很被重視，也積極關注。

部分動作、肌肉張力控制處於低張或高張的孩子，他們在身體動作、肢體協調上的控制不太理想，往往也會深深影響到他們的情緒反應與挫折感。這些孩子常常感到身不由己，羨慕其他人能動作俐落地完成日常事物及學校裡的學習。畢竟，沒有人會想被嘲笑、諷刺、排擠，或貼上各種關於懶散的標籤。

在早期療育的團體裡，如果治療師一時忽略了腦性麻痺或動作發展落後孩子的狀況，很自然地給出一個指令：「小朋友，現在開始收玩具囉！」會發現其他孩子已開始動手收拾，而腦性麻痺的小孩儘管也想參與，卻僅僅是在座位上調整了一下姿勢。甚至光要離開座位就花了好多時間。往往還沒順利移動好身體，其他小朋友已將玩具收拾乾淨。

這種情況也常發生在學校的教室裡。只要下課鐘聲一響，多數小朋友便會往教室外衝出去，腦性麻痺或動作發展落後的孩子，可能還沒移動到教室門口，上課鐘聲就響了。

你能了解這些動作反應、動作協調、動作控制、肌肉張力有困難的孩子，他們心裡的感受嗎？

當孩子因動作關係導致拖延，我們該給的不是催促，不是指責，而是給予符合他們需求的協助。例如，調整所要進行事情的量，或對他的肢體動作緩慢抱持寬容與接受的心情。當然，必要的動作或張力控制訓練依舊要進行。

事實上，光是每天學校早自習的聯絡簿抄寫，就會讓這些握筆困難的孩子吃足了苦頭，經歷相當的挫折。如果大人們不夠貼心，孩子沒有獲得應有的協助與對待，他們就得花更多的時間去進行這些活動。除了被父母責罵拖拖拉拉之外，和其他同學相處的時間減少了，連帶地也容易造成同學間的刻板印象、反感與排擠。

電影《佐賀的超級阿嬤》中，有個最令我感動且印象深刻之處，即是劇中人物的細微貼心。超級阿嬤所強調的貼心，是不會讓人感到尷尬，細微到令人難以察覺的幫助。我想，面對動作緩慢卻身不由己的孩子，應該給予的，正是相同的貼心。

拖延是ADHD無法改變的宿命？

為過動兒尋找解套的方法

媽媽總是覺得奇怪，明明教養方式都一樣，為什麼兄弟倆的能力跟特質會差那麼多？

說到哥哥，除了對弟弟的看法有些偏頗之外，無論是課業表現、生活自理或對自己的行為負責態度等，都不需要大人耗費心思去煩惱。弟弟卻是從幼兒園開始就不斷有老師抱怨，不是太愛說話、坐不住、容易分心，就是常跟小朋友起衝突。

當時也曾為了小兒子的這些問題前往兒童心智科接受評估，結果醫師給出「注意力缺陷過動症」的診斷，至於要不要服用藥物，醫師讓媽媽自己決定。

這些年，除了課業表現與常規之外，最讓媽媽不知道如何是好的，就是弟弟那慢吞吞、拖拖拉拉的懶散個性。

「媽媽，妳就別再浪費唇舌了。妳也知道，小康是過動兒，拖拖拉拉就是他們的本性。如果用說的有用，妳就不用成天喊頭痛了。」大永略帶貶抑地說著。

「你這做哥哥的，怎麼可以這樣說話？你以為小康自願當個過動兒？沒錯，或許他們做起事很容易拖延，但這並不表示小康一輩子都得如此。」媽媽語帶嚴肅地說著，期待哥哥在看待弟弟的特質與障礙時，不要存有偏見。

「好啦好啦，說到妳的痛處了！還好，妳還有我這個正常的兒子，否則妳和老爸可就——」媽媽馬上打斷大永的話，「什麼正常不正常？別這樣把人二分了好嗎？何況小康是你弟弟耶！」

「我只是強調，妳還有我這個正常的兒子，可沒有說小康不正常喔！雖然，意思也差不多啦！」媽媽眼神犀利地瞪視著大永。

大永的這些偏見對於解決小康的拖延及其他惱人問題，不僅沒有任何的實質幫助，甚至會讓當事人或父母更消極。但是，關於小康的拖延，媽媽真的很苦惱，不知道該如何是好。

孩子拖延，心理師這麼說——

「拖延」是ADHD的宿命？

注意力不足過動症（Attention Deficit Hyperactivity Disorder，簡稱ADHD）的孩童幾乎可以說是拖延症的代言人——這句話說來輕鬆，卻充滿心酸。

某些孩子往往會陷入「心裡知道該怎麼做，實際上卻總是做不到」的窘境，最典型的例子就是ADHD的小孩——他們不是不懂，只是在執行這件事上缺乏該有的行動力。其實，ADHD的孩子們也相當無奈，不希望自己如此拖延，卻無能為力。

二十幾年前，在我決定以ADHD作為論文對象的時候，心中就有一個想法：

「這群孩子的可塑性是很高的，我可以透過心理學的方法來幫助這群孩子。」

現在，面對他們的拖延問題，也是一樣的道理。

我要強調，拖延並非注意力缺陷過動症孩子的專利，拖延普遍存在於每個大人、小孩身上，只是對ADHD小孩來說，生理上的缺陷特別容易讓他們無法順利完成某些事。不過，不管多難以承受，該面對的問題還是要解決。

藥是方法之一，不是唯一

當爸媽接受了孩子患有注意力缺陷過動症的困擾，也知道孩子在自我控制及自律上出了問題，藥物輔助會是「其中一種」處理方法。請注意，是其中一種，而非唯一一種——**並非所有的注意力缺陷過動症孩子都需要服藥，就算要吃，也不是一輩子**。

關於是否需要服藥，可以與原就診醫師討論，在此不能一概而論。以下要探討的是，如果孩子的自我控制真的有問題，我們如何透過行為的改變，讓他建立良好的習慣，擺脫拖延。

留意無效的催促

在ADHD主題演講上，我常說：「如果過動兒用說的有用，那我們今天的演講就到此結束。」對於過動兒，催促只會讓他們更心急、更混亂。因此，**請避免不必要的催促，當心「提醒」可能帶來的副作用。**

每一次催促，都可能成為孩子依賴爸媽的原因——反正不需要自動自發提醒自己，爸媽也會像個小祕書般，自動開啟提醒功能。**再次強調，給孩子太多的指示，反而容易讓他們不勤於思考。**

授予單項任務，即時給予回饋

一次只交代一件事情，避免同時給予太多任務。這麼做，不僅大人比較容易觀察孩子面對該件事情的處理狀況，孩子也較能從容地完成。

交代好事情後，別急著轉身離去，不妨先留在他身邊，看看他在做的過程中表現如何，再來決定我們是否要優雅轉身離開。

在解決問題之前，也可以**先讓孩子模擬可能會遇到的問題，具體描述會造成延誤的狀況，再仔細思考問題被解決的可能性與策略**。這麼做能避免孩子把ADHD當作任何拖延的藉口。

另外，**ADHD的小孩也需要「立即性的回饋」。因此，縮減待辦事情的量以後，當他完成了，請給予立即性的回饋，這將有助於他們繼續下一個行動。**

指令簡潔有力、具體明確

和ADHD孩子說話有個大原則，就是要說出具體的人、事、時、地、物。例如，以「現在把書包拿到門口，七點十五分我們要出門去學校」，取代「你動作快一點」——「快一點」這種話多說無益，反而會耗損孩子對於他人話語的敏感性。

和過動兒相處，請秉持「簡潔有力、具體明確」的原則，並徹底實踐。

擺脫拖延宿命

過動兒的習慣性拖延，讓他們失去了做事的動力，執行力也不時處在空轉狀態，往往因此帶給別人不好的印象。不僅在生活、工作、學習、人際上造成麻煩，也會使他們自己的自尊、自信心遭受漫長的折騰與耗損。

我常對家長說：「出了社會，沒有人會管我們的孩子是不是過動兒。」這句話很殘酷，但是事實。孩子長大後，終究得為自己的行為表現負責。我們總是允許孩子給自己找很多理由和藉口，沒錯，他們在做某些事情時是有些困難，但還是要練習，並且得去思考，為什麼自己在做不同事情時，態度和行動力完全不一樣？拖延的背後，究竟是「不能」，還是「不為」？

別讓「過動兒」三個字，成為孩子拖延的藉口。

做，就對了！

ＡＤＨＤ的孩子需要對時間更加敏感，並有所覺察。同時，他們必須訓練自己的組織能力、能夠判斷事情優先順序的能力，並設定一個短期內可以完成的目標，再透過一件一件完成任務來創造成功的經驗。

我們都不希望「過動兒」三個字成為孩子拖延的藉口，因此，請適時提醒孩子：一再拖延並不會讓事情因此消失。逃避會讓事情如循環利息般不斷累積，讓自己的心情更加沉重。只要孩子有了「我願意，我也想要找到練習的辦法！」的信念，就可以從最簡單易做的事情開始著手。

無論如何，都要先有第一步的行動。

讓ＡＤＨＤ孩子面對自己的拖延，可以讓他們對自己更加了解，並且練習面對自我，開始思考自己在面對某些難題或不想做的事情時，是否總是傾向於逃避。

在他勉力完成了原先拖延的事情後，大人就可以大方給予獎勵。當然，如果能在不拖延的前提下順利完成任務，也可以給予更大的獎勵。

讓孩子行動吧，擺脫拖延的宿命！

克服拖延第二部 — 提升壓力適應力

正向情緒的管理

孩子失去做事的動力，怎麼辦？

給每件事尋找正面意義

君皓開口閉口都是「意義」二字。那像個篩選門檻，只要眼前的事情未達到他所定義的意義標準，便一概被刷下去。即便那是件非做不可的事，還是會被君皓打入冷宮。

「意義、意義、意義，君皓你倒是好好跟我說清楚，你那意義怎麼來的？」媽媽已經受不了君皓的這番說詞，甚至認為這是他在合理化逃避做事的藉口。

「就是因為找不到，我才會說做這件事情沒有意義！」君皓理直氣壯地說著。

「等等，君皓，我看你根本不知道意義是什麼，只是在繞圈圈罷了。」

「媽媽，有沒有意義是每個人很主觀的經驗，怎麼能強迫我說？」

「君皓，我可不是在強迫你喔！既然你強調意義這件事，那你就要好好地說服我。」媽媽認為「有理」就得明說。

君皓一時語塞，腦海裡找不到適當的語彙來組織他所要表達的想法。或許，有的是心裡的一種感受。沒錯，很直覺式的感受，無法用言語來形容。

「好，沒關係。既然我交代你的事，你都以『沒意義』來拖延和回絕，那請你好好舉個例子，你以前做過哪些事情是你認為有意義的？」媽媽一副洗耳恭聽的態勢，讓君皓感到一股熱浪即將從眼前席捲而來。

這問題考倒了君皓，也因為一時無法反駁，而被媽媽視為強詞奪理，讓君皓感到既羞愧又委屈。

「我說的意義，就是……就是……做那些事到底要幹麼？」君皓勉強湊出一些字句，媽媽當然不買單。

「要幹麼？你問我寫作業、預習考試要幹麼？整理書包要幹麼？那，玩3C要幹麼？你倒是給我好好說清楚。」

顯然君皓雖在嘴上掛了意義兩個字的大招牌，卻少了具體的意義「說明書」。難怪媽媽總是覺得君皓這孩子只是用「意義」在逃避，而深深不以為然。

意義在哪裡？這將是君皓接下來的一大功課，他得好好找到意義，才能擺脫拖延的壞習性。

孩子拖延，心理師這麼說——

對事物進行拆解

我們往往會對某些事情感到厭惡、不想去接觸，這很正常，但在現實生活與學習過程中，有太多事務是即使我們不喜歡還是得去做的。

面對一件不喜歡但必須完成的事情，該如何破解自己的心魔？關鍵就在於，**重**

新整理自己和眼前這件事情的「關係」。

如果要讓孩子在解決一件事情時更加順手，不妨讓他試著重新拆解完成這件事的步驟，再針對每個細節仔細思考：我該如何克服眼前的狀況，並找出它的意義？

尋找意義所在

拖延，有時是因為對眼前這件事抱持反感、厭惡與排斥心態，或者過去有某些不愉快的經驗。當然，也可能是出於認為那件事沒有做的意義或價值——我們總是能輕易地說服、暗示自己，做某件事情沒有價值，無論這樣的「價值否定」是否經過我們細細評估。

若孩子出現價值否定的情況，請試著引導他調整看待事情的角度。

我們可以從旁觀察孩子在面對某件事情時是如何解釋的，他如何判斷這件事情對自己的意義？這些都與孩子看待事物的想法有所關聯。有時孩子不想著手解決，只是因為他覺得這些事情和自己無關，或因為感到厭惡而不想去碰觸。

當孩子抱怨某件事對自己沒有意義時，讓他自行找出這件事情對自己的正面解釋，以及跟自己有關的十種意義，並將它們一一條列下來。甚至可以明確地說出來。而家長在孩子腦力激盪的過程中，請別加以批判，讓他自行創造新的意義。

找出樂趣所在

有些孩子提不起勁去做某件事，很大原因是因為認為做這件事情是沒有意義、沒有價值的，甚至是因為他完成不了那件事。也許他會說：「做這件事情要幹麼？好無聊！」但有些事情就像上學、讀書、考試、寫作業一樣，都是無法逃避，終究得面對的。

當孩子面對該做的事情卻提不起勁，便很容易脫口說出「我沒興趣！」這時，不妨帶領他練習從中找出樂趣。

把事情歸因於他人，自己總是能少些壓力，畢竟千錯萬錯都是別人的錯。然而，這樣的想法雖能為孩子本身減輕壓力，但進步幅度也將大大受限，因為他從不認為自己需要做出什麼改變。

舉例來說，孩子常常會抱怨某些科目的老師上課很無聊，但除非有機會能選擇其他老師，或原來的老師改變上課模式，否則是無法改變現狀的，而這些決定權通常都不在自己手中。如果這堂課就是非上不可呢？這時，只能從自己開始改變，從課堂上尋找樂趣、找出對自己的意義和價值所在。

下回，當孩子說出「我對數學沒興趣，做這些題目要幹麼？」這樣負向的語言，讓他試著進行如下的正向翻轉吧：

「或許，數學本來就有一些挑戰。我可以藉這個機會了解自己的能力在哪裡，也學著解決數學這個問題，感受一下面對困難時我可以如何去化解。這有助於我未來在生活、成長過程中，遇到狀況時能有點心理準備。」

「遇到困難的數學，讓我來試著分析問題的癥結點到底在哪裡。」

「遇到這樣的問題，我該如何求助、如何解決問題？」

「或許我對數學興趣不大，但是它讓我能具備一些基本的思考、邏輯、分析和判斷的能力。」

自行定義價值

只要能找到每件事情對自己的價值，就會讓我們有繼續做下去的動力。因此，我們也可以讓孩子從他以前主動著手的事情開始，告訴我們這件事對他的價值、意義在哪裡。從中了解能吸引他去做的動機，並思考是否能將這些動機複製在他不想面對的事情上。

當孩子抱怨：「我就是找不到意義在哪裡！」別忘了提醒他重新賦予眼前每件事情的意義。再次強調，一件事情的意義是由我們自己去定義的。

關於事情是否有其價值，其實是很主觀的想法，如果眼前這件事情是非做不可、逃避不了的，那麼改變自己的想法將是關鍵。

避免日有所思，夜有所夢

我自己過去也常常犯了拖延大忌。有些報告或紀錄，明知當下馬上完成會是最有效率的，我卻只是把它擺著、積著，壓根兒不想去碰。甚至明明答應了對方隔天一早要交報告，卻還是心想：「先睡一下，半夜再起來把報告完成。」然後因為夢見報告而驚醒。

即便不願面對，心裡還是很清楚，那件事情還在等著自己去完成。而且隨著時間一天一天過，日復一日的拖延也將使被承諾的人對我們產生不信任。在那段時期裡，我非常厭惡這樣拖延、違反承諾的自己，那往往會讓我的心情不太美麗。

我常開玩笑地跟負責收報告的老師說：「該交報告卻還沒完成的時候，我就常常夢見你。」這種夢，其實會讓人又驚嚇又尷尬。有意思的是，報告一交出去，那位老師就會從我夢中消失。這果真是「日有所思，夜有所夢」呀！心裡的負擔有多重，可想而知。

孩子，你想做噩夢嗎？還是乖乖把事情做完吧！

孩子因害怕失敗而拖延，怎麼辦？

留意評價帶來的殺傷力

面對心思細膩、敏感的小荷，亞涵很清楚知道自己說話要謹慎。亞涵常常想試著傾聽小荷的想法，這對自己來說，是可以多了解小荷的機會。當然，小荷也希望能真正被了解。

但是，對其他同學來說，卻怎麼也無法諒解，看似乖巧認真、負責的小荷，為什麼總是對自己應該做的事情這麼不負責任。班上開始出現一些聲音：

「你們最好不要跟小荷同一組，否則一定會後悔！」

「對嘛！每次輪到她做事，到最後都沒完成。」

「每次都想搭順風車，只顧享受，白要分數！」

「真看不出來呀，她怎麼這麼糟糕！」

這些聲音像針刺般，間接傳到小荷的耳裡，讓她難過地哭了好幾天。其實，同學們的話，只對了一半。沒錯，小荷總是把該做的事拖延著，但她並非故意要占同學們的便宜。小荷心中存著內疚，她知道自己耽誤了同組夥伴們的進度，害同學得花更多的時間來彌補被耽誤的進度，也讓亞涵難做人。

小荷心裡實在有好多話想跟亞涵說，她是班上唯一願意聽自己說話的同學，也因為有她，小荷才勉強能待在小組裡。但是小荷心中充斥著內疚、挫折、無力感，深怕會因為自己，害了這位一直支持她的好朋友。

「說真的，我很不喜歡這種感覺，但又莫可奈何。也許大家都覺得我是想占便宜，但並不是這樣的！可是，我也沒辦法說服你們，因為我真的把事情給耽擱了……」

亞涵如履薄冰，深怕會傷了小荷的自尊，輕輕地問：「妳知道問題的癥結點在哪嗎？」

小荷隱約知道，「害怕吧，我想。」

「害怕？妳在害怕什麼？」亞涵一臉困惑。

「或許是害怕不能做到符合大家的期待。」

「小荷，這不是很矛盾嗎？妳把事情擱著不做，結果不是更糟糕嗎？」

「可是，我一直想要完成它啊！」

「但現實是妳並沒有完成。」

「我總是在最後一刻才發現自己沒有辦法完成。亞涵，我很想知道你們平時到底是怎麼做事的，能不能給我一點建議？我真的不希望人家在我背後說風涼話。」

小荷知道亞涵會是讓自己擺脫拖延的唯一機會。因為不管是爸媽或老師，都只會不斷重複著同樣的話：「認真一點，否則以後就完蛋了！」這些話聽了很刺耳，卻起不了什麼作用，而且事實上，小荷「現在」就已經覺得自己完蛋了。

當孩子因為害怕失敗而拖延，該怎麼辦？

孩子拖延，心理師這麼說——

剖析恐懼的原因

孩子需要學著面對自己心裡的恐懼。看清楚那份恐懼究竟長成什麼模樣？自己為何會產生這樣的恐懼？自己到底在怕什麼？

一部分的孩子容易自己嚇自己，並把那份恐懼感無止境地放大。這時，我們就要去思考：為什麼孩子會對這件事情感到那麼掙扎？他在怕什麼？

有些孩子不想要讀書，則是因為他不確定努力了，成績是否就會變好；或者，不查資料是因為擔心自己沒有能力完成報告。請留意，當孩子對自己少了一分期待，動力也會隨之減少一分。

另外，還有些孩子會過度在乎別人對自己的評價，而這時孩子的自信心往往是相對低落的。每個人對自己有多少信心、要表現出怎樣的形象，往往取決於別人如何回應自己，但是當我們愈在乎別人的反應，做起事來就愈容易戰戰兢兢，深怕自己沒有做好、沒有達到對方的要求，挫折感也將更容易浮現。若孩子有這樣的情況，建議適時提醒他，自行拼湊他人對自己的評價，將會少了一分合理的自我看待。

透過比較，敦促孩子

與人比較時，一旁的人盡看熱鬧；當事人卻因錙銖必較，煩惱跑不掉。很少人喜歡被拿來跟別人比較，但是不比較，似乎又無從知道自己到底好不好。而且，即便自己不比較，身邊的同學、老師、家人也會在一旁哇哇叫，有意無意地提醒自己：這裡不好、那裡不對，好像隨時備有一把尺，老往你身上丈量。

比較、比較，到底要跟誰比較？

向上難比較，向下看熱鬧。往上比較心情會很糟，但是有個強勁的目標，似乎成績與表現會比較好；向下比較容易拿翹，心情爽快，心花怒放，表現卻很可能進入停滯狀態。

比較這件事，不外乎來自身旁大人的態度——大人的注意力擺在哪裡、重心與焦點如何強調，往往也左右著孩子如何看待與他人間的微妙競爭關係。

當然，在拖延這件事上，誰也跑不了。

你可能會聽見孩子這麼說：「媽媽，我們班〇〇〇、ＸＸＸ也是這樣！」然而，拖延時向下比較，將換來滿身糟糕。因此，這裡要強調的是，我們可以透過「比較」讓自己有個方向，好進一步做出調整。

請注意，過度比較會有礙身心健康，現在我們要孩子比較的是「誰準時完成」、「誰提前完成」、「誰沒有拖延」。也就是，只比較「準時與拖延」這回事。千萬別比較過頭，讓注意力窄化了。

尋找參考對象

當然，在比較的過程中，孩子可能會因為被碰觸到關於拖延的弱點，而感到自尊心低落。然而，讓自己有個合理的參照對象，聽聽他人的做法，或者觀察一下身邊人們都是如何採取行動的，將有助於隨時調整做事的方向與節奏，慢慢改善弱點，也能在過程中看見自己的強項與優點。

找一位值得欣賞的對象，仔細研究、了解他的特質，看看他在面對事情時都是如何解決，又是如何面對壓力的。

拿他人和自己比較雖然不好受，但若能選一位自己欣賞的對象或偶像，我們就能一點一點地模仿與學習他的特質。也因為他是自己的「偶像」，所以會很自然地想要觀察、了解他。

縮短想像時間

想想看，孩子為什麼沒有勇氣面對眼前的事情？勇氣如何訓練？我們過去可曾花過時間訓練孩子培養勇氣？

拖延其實與我們判斷事物的方式有關，例如是否能正確掌握自己的能力範圍，及對時間是否能夠運用自如等。有時，明知道這件事情該做，卻偏偏渾身提不起勁，是因為我們很容易聯想到執行時可能帶來的麻煩而裹足不前。這時，當然就有必要去釐清，自己的這些想法合不合理？是否有其必要性？

同樣道理，孩子的拖延，往往是因為他們太習慣將一件事加上一層又一層的外殼，以至於作繭自縛。其實事情並沒有他們想的那麼難。而那「外殼」，正是所有使孩子不想做事的理由。

孩子拖延不見得是因為懶，可能是出於恐懼的心情（有時甚至花費太多心思去想像事情的困難度）。而把事情想得太簡單或太難，都會讓人停滯不前，所以除非孩子正在進行的思考很合理，否則，請讓孩子縮短一些想像時間吧。勇氣，也許就存在那0.01秒之間！

慎防否定的破壞力

拖延給一個人帶來的負面評價，將對其自尊與自信造成極大的破壞力。當那瓦解的力道使孩子感覺自己離完美形象愈來愈遠，他便容易選擇自我放棄。

若孩子總是處在被否定的狀態，他看待事情的方式就很容易傾向負面的解釋，進而影響到他的行動力，渾身提不起勁。

過度強烈的負面情緒就像一頭巨大的怪獸，會吞噬一個人的自尊與自信心，所以，請避免孩子因拖延而衍生負面情緒。

當孩子認為「反正做不做結果都一樣」，甚至主觀認定自己無法把事情做好，看到眼前的事物便浮現負面的、錯誤的想像，這時，孩子已經不單純是拖延的問題了。甚至還會衍生焦慮、憂鬱、沮喪、低落等情緒問題。這也是為什麼克服拖延、解決拖延是刻不容緩之事。

每個人多少都有主動去做一件事情的時候。當孩子對某件事情提不起勁時，不妨引導他想想看，過去的經驗中，怎樣的情境會讓他主動想去著手完成？由他來清楚地告訴自己：「我不想要再渾渾噩噩過日子，那種拖拖拉拉的生活，我不想要了！」

孩子過度在意細節而拖延，怎麼辦？

別讓完美成為拖延的藉口

同組的成員們，個個圍在子旭的座位，有人沉著臉，有人雙手抱在胸前，還有人兩隻手用力撐在桌面上，等著看好戲。這回子旭真的快把大家害慘了。如果少了他那五百字的結論，報告交不出去，全組的平時成績也完蛋了。

「子旭，你說說看啊，這問題怎麼解決？」組長郁惠發難了，但語氣仍然沉穩。她知道情緒解決不了這燃眉之急。

「我發誓，我已經很努力了……」這話一出口，除了郁惠，眾人發出不以為然的噓聲。子旭吞了吞口水，繼續說：「我一直想把事情做到好，不斷上網搜尋資料。我一頁一頁地下載資料，仔細研究、思考哪些是我可以使用的，但我總覺得似乎還有更好的解答在下一頁。

「有時我會覺得自己關鍵字用得不夠正確，所以不斷地嘗試。最後，也耗掉了我好多的時間。」

「你說這麼多幹麼！」

「愛拖延的人總是有很多藉口。」

「直接報告老師啦！都是子旭的錯！」

「把這討厭的傢伙踢出我們這組啦！」

「就是嘛！踢出去、踢出去、踢出去。」同學們你一言、我一語，喧鬧著。

「子旭，我們沒有說你不努力，但重點是，你並沒有拿出該交的五百字結論報告。這讓我們交不出報告，不是嗎？

「我不想再聽你強調自己很努力，寫得好不好是另一回事。不管怎樣，你要先寫下來呀！你不寫出來，沒有交報告，我們其他人就得再花時間來做這件事。重點是，現在已經沒有時間了。」郁惠的一番話，子旭很想反駁，卻啞口無言。

「我、我、我……」子旭心裡很是掙扎，總因為那莫名的完美與對自我的要求，讓自己的進度總是落後。但是你真的叫他草率地把東西交出來，他也不願意。這回郁惠卻把他問倒了，子旭無法說服自己，當然更沒有辦法說服眼前這群同學們。

孩子拖延，心理師這麼說——

先求有，再求好

我們總是想把最完美無瑕的一次呈現出來，其實，如果沒有一個雛形，我們很難做進一步的調整，更別想要一步到位。

給孩子一個觀念：先想辦法把東西交出去吧！先求有，再求好，先做到有基本的六十、七十分，再進一步調整到八十、九十分。如果每次都要求自己一次就達到九十五、甚至一百分，會很辛苦，而且有時那是比登天還難的。

不存在的最佳狀態

我們常常把事情擱在一旁，只因為我們都還在想像、期待最完美的成果。我們總是在等待最佳的時間、最好的方法、最適當的狀態來臨，但是，這往往也使我們一再拖延、遲遲沒有動手去做。

關於拖延，有些孩子常常會說，因為他覺得自己「準備得還不夠」，看似有著高度的自我要求，非要達到「完美」不可，但是所謂「完美」究竟是怎麼定義的？孩子的自我要求要到什麼程度？他到底行動了沒？或者，完美其實已成了推卸行動的藉口？

過度追求完美的孩子，總是希望把事情做到最完美、準備到最充分，如同子旭，非把資料準備得非常周延齊全不可。然而，當他自己把要求的標準拉高了，反而會讓自己很難著手。時間一拖一擺，永遠都找不到那「最好的」時間點。

「一定要怎樣」、「應該要怎樣」，這樣的想法會成為讓自己裹足不前的心理阻礙；原先苦苦等著的所謂「最佳狀態」、「最適時機」往往不會現身，那終究只是存在腦袋裡的「空想」，而使孩子欠缺實際行動的能力。

別讓「完美」成為孩子拖延的藉口

有些孩子自我要求特別高，卻不合理。他們總想要達到最完美無瑕的境界，但也時常因此在一些細微的地方不斷鑽牛角尖，使得進度停擺，更因而困在遲遲無法完成的拖延狀態。

回想一下，過去經驗中，孩子所謂的「完美」是怎麼定義的？他有在這樣的標準下完成過什麼事嗎？是否都有在預定時間內完成，還是拖延了許久？

同時，也讓讓孩子清楚說明，這個完美狀態究竟需要到達怎樣的境界？自己的能力、實力和時間，是否與此境界吻合，還是根本遙不可及？

有時，孩子總是想得太多，習慣把事情考慮得太周延、太瑣碎，過度顧慮每件事情的細節，但也因而無法實際行動——別讓這樣的「完美主義」成為孩子不做事的理由與藉口。

接受有瑕疵的完美

對於過度追求完美的孩子，我們可以回過頭來想想，這樣的自我要求，究竟是來自誰的期待？

孩子對完美的想像，有很大部分來自大人對他的評價與期待。這些既定形象會在日常生活與學習中不斷強化，進而影響孩子對自身事物的看法。**若想調整孩子對「完美」的定義，首先要檢視大人對於完美的反應。唯有大人自我覺察、調整了，才可能使孩子的既定概念逐漸鬆動。**

當然，對家長來說，要執行總是會有些矛盾與疙瘩，因為身為父母總是會期待孩子往愈來愈好的方向發展，但是我們也有隨時檢視這套想法是否合理的必要。當父母接受有瑕疵的完美，就能讓孩子接納自己的特質，而不會強求一個遙不可及的完美狀態。

分享拖延經驗

過去在書寫紀錄和報告時，我都會給自己設定一個無形的標準，期待每一份報告和紀錄都要像寫小說一樣，須具備完整的內容、組織、架構，遣詞立意也得字字斟酌。甚至想再收集更完整的訊息，或來個錄音逐字稿。

相信很多人和我一樣，工作、寫報告時不想遺漏任何訊息，深信所有訊息都有其價值，想著哪天「有時間」時再好好記錄下來。但往往也會發現這很難做到，而且，這麼做還可能讓我們把該完成的事情給擱置了。更可怕的是，緊接著的報告像不斷繁殖般增生，接著，就把我們給壓垮了……

即便是大人，一定也有拖延的時候。偶爾和孩子說說自己的拖延經驗，和他分享我們的不完美，也分享「不合理的完美」曾對我們造成哪些威脅與破壞。當然，故事最後別忘了加點戲劇性張力——談談你是如何改變，並克服拖延的。

分享的過程中，讓孩子了解我們對於拖延的看法、感受和遭遇，也能讓他們了解我們在面臨拖延時的積極態度，特別是那股強烈想要改變的意志。

爸媽坦誠的分享，也能讓孩子不至於認為拖延是件難以啟齒的事，孩子在日後也會更有意願自我表露，與父母分享他自己對於拖延的內心話。

逃避雖可恥，但有用？

提升面對問題的勇氣與抗壓性

媽媽知道美貞手上有些必須現在就去做的事情。雖然母女倆守在電視機前看日劇、追韓劇，很愜意也很享受，但隱約能感覺到，這孩子似乎在逃避著什麼。

「先把事情做完再來看吧！」媽媽每回這樣說著，美貞就會撒嬌地回：「可是，我想要和妳一起看啊！」媽媽只能心軟撤回建議。但是，媽媽總覺得不太對勁。

「美貞，妳確定作業寫得完嗎？妳的資料不是還沒收集嗎？明天不是還要跟同學討論進度？」

「唉呦！媽媽，先看劇再說啦！」美貞總是四兩撥千斤，讓媽媽再度把注意力拉回到戲裡。

有時，戲劇情節高潮迭起，故事張力吸睛迷人，連媽媽都忘了原先的叮嚀。但往往劇看完了，讓人頭痛的事情也緊接而來：該做的事，美貞又拖著沒做了。

對於這點，爸爸頗有微詞。尤其看到美貞臨睡前還在趕工，爸爸總是會對媽媽數落個兩句。

「妳這做媽媽的，怎麼搞的？不催孩子做功課，還耗時間一起看偶像劇？」這番話讓媽媽心裡很不是滋味。

「美貞，妳下次能不能先把事情做完，再來看偶像劇？不然，妳爸一直唸我，說什麼都是我把妳帶壞，學人家追劇，害女兒都不做正經事。」

「可是媽媽，我也想跟妳一起看啊！」

「但是，該做的事情還是要做啊，總不能以和媽媽看劇這理由來逃避吧！」

「逃避雖可恥，但有用！」

「還掰？以後該做的事情還是得先做。」這孩子連日劇片名都用上了，讓媽媽哭笑不得。

「美貞，媽媽並不否定妳和我一起看電視，這讓我們能一起享受看戲的樂趣，也讓我們之間有共同話題。

「可是，面對雖可怕，但有用。美貞，妳還是不能逃避。」媽媽對自己下的註腳甚是滿意。

但同時，媽媽心中也有一股疑問：「這孩子到底為什麼逃避？難道是有壓力，不敢面對？」

孩子拖延，心理師這麼說——

逃避的神奇作用

拖延到底有沒有好處？當然有。不然，怎麼有那麼多大人和小孩都沉迷、深陷在這行為模式上？拖延的好處是，它讓人可以暫時避開，不用面對不愉快的事物。

拖延是一種心理狀態，也是一種讓我們必須勇敢面對自己的挑戰。「逃避雖可恥，但有用。」這句來自匈牙利的諺語，也是深受歡迎的日劇《月薪嬌妻》的日文片名（逃げるは恥だが役に立つ）。但是，儘管以此為片名，劇中男女主角津崎平匡與森山實栗，最後還是選擇了「面對」。

沒錯，面對需要勇氣，面對需要智慧。拖延，讓我們得以逃避，壓力也獲得短暫的舒緩。但是很抱歉，即便逃得了一時，那些被我們拖延的事情依然存在，而且隨著時間過去，它會使我們心裡的負擔愈來愈重，也讓我們更不喜歡自己。

拖延是焦慮的表現？

情緒與拖延往往是相互作用的。我們總是容易受到焦慮、恐懼的影響，使得自己忍不住退縮，這也是為什麼我強調拖延的問題要從心理層面來解決。而分析情緒與拖延之間的關係，也將有助於我們認識孩子的情緒狀態。

有時，孩子之所以選擇轉移注意力去做其他讓自己比較輕鬆的事，主要是因為想擺脫眼前這件沒有完成的事情所帶來的焦慮，或者面對這件事情所產生的恐懼。一個人想要選擇讓自己處在不受威脅狀態是很自然的，但是因為沒有完成而產生的焦灼感也會隨之生成，且讓人無法忽視。

當孩子把時間用在其他的事情上，看似讓自己放鬆了、解壓了，但偶爾想起那件遲遲沒做的事，心裡那股壓力又會襲擊而來，只好再次把目光轉向能讓自己更放鬆的事情。就這樣，周而復始，形成一個惡性循環。

有些孩子在焦慮時，可能會有咬指甲、轉頭髮、摳臉、咬袖子、捲袖子，或不自主地眨眼、聳肩、流手汗或發出怪聲等行為；有些孩子則容易以東摸摸、西摸摸的方式，讓自己轉移注意力，而不處在緊張的狀況下。

如果孩子是因焦慮而拖延，首先要釐清的是其壓力源為何？讓他產生焦慮的原因是什麼？只要能克服這份焦慮，多少也能讓拖延的問題獲得改善。和他一起想想，哪些事情曾讓他拖著不做？在這不做的過程中，心情如何？想到還有一件事情沒有做時，又有怎樣的心情？實際去做，以及做完之後呢，感覺如何？

這件事不做，就不會有下一件事？

選擇性緘默症（註）的孩子之所以在別人跟他們說話時保持緘默，其中一個原因是他們不知道做出回應後，對方會不會繼續問下去。對他們而言，那就像一場無止境的對話，使得焦慮無限循環，於是認為只要對他人的談話不予以回應，對方就不會再問下去。

同樣地，某些慣性拖延的孩子可能會心想：「既然這件事情完成了，又會出現新的事情要做，那我乾脆都不做，別人就不會再要求我做新的事情。」

請特別留意孩子是否出現這樣的傾向。

當孩子有此傾向，建議父母可以告訴孩子：「眼前這件事情做完之前，不能進行下一件事。」就像有些下午茶餐廳的用餐規則一樣——若要加點下一道美食，得先將眼前這盤吃完。

爸爸媽媽，請堅持你的立場，讓孩子了解眼前這件事情「非做不可」的必要性。

塑造隱形觀眾

克服拖延是需要一點壓力的。有時候，我們之所以拖延，是因為認定這件事情只有自己知道。「關起門來，除了自己和交代這件事情的人以外，也沒別人知道了。」這樣的想法讓我們心中的威脅感大幅減少，好像沒按進度做完也無傷大雅。

以我個人為例，通常我會把重要的待辦事情公告在臉書上，這麼做能讓別人知道我應該且將要做什麼事，給自己一個必須完成的壓力。話一說出去，縱使我們並不知道有誰在看（也許根本沒什麼人在關注），還是會覺得有人在注意我們是否有如期完成。**這並不是「自我感覺良好」，而是當我們想像出一群正在看著自己的觀眾，將能為我們帶來一種監督與提醒的作用。**

只要對外公告了，多少就會帶來一股推動自己去完成的力量。畢竟話已經說出口，如果你還在乎你的承諾，就會試著努力。

● 選擇性緘默症是一種社交焦慮症，患者有正常說話的能力，但在某些特定情境下會無法開口。

孩子也是一樣。與其讓孩子給自己找些沒有完成的藉口與託詞，不如讓他們想像有人正在注意自己的進度。讓孩子給自己一些壓力，脫離舒適圈吧！

無負擔狀態

信用卡的紅利點數到期，銀行會自動刪除。但是那些被我們拖延的事，卻會一直停留在原地，不會消失。就算抱著眼不見為淨的心態，它們還是在那裡。

把該做的事情做完，讓自己心裡毫無罣礙。我常形容這是一種心理的低耗能，它能讓我們很快地回復到該有的情緒狀態。讓體力、腦力、心力可以保持一定的能量，並維持在最佳狀態。

從影片中發掘使命必達

和孩子一起發掘劇中人物不拖延的特質與行為模式吧！我常常覺得，有些影片如果能和孩子一起觀看，其實是親子雙贏、同樂的方式。

我本身就是喜歡看戲劇的人，喜歡各式各樣人與人之間的故事。在我們家，孩子發現我在看影片時，也會坐下來一起觀看，在這過程中，親子間能創造許多交集與共同話題，並互相了解對方正在關注的事物。

我一直深信透過影片這樣的媒介，能讓孩子學到不同觀看事物的角度。劇中人物的互動、對話等表達方式，每段關係的交流、角色的設定與詮釋等，多少會和自己的生活有所連結，並產生共鳴。

就像日劇《月薪嬌妻》裡的劇情，女主角雖然有很長一段時間逃避面對自己內在深層的壓力源，但她最後還是在看似瑣碎、枯燥的家務活動中完成每一項任務。有時孩子也需要這樣的角色範本，作為現實生活裡擺脫拖延的參考對象。但也請留意，觀影過程中，別說教、別給孩子講太多大道理，除非他主動問起。

孩子總說：「我就是做不到！」

正視負面自我暗示的殺傷力

每個人說話時多少都會有些口頭禪，但要注意的是，有些口頭禪很容易讓周圍的人感到不舒服，甚至讓氣氛陷入一股沉重、消極的氛圍。

「反正，我就是不行！」

「反正，我就是沒辦法！」

「反正，我就是做不到！」

這種「反正，我……」的句型一出現，往往會令周圍的人不知道該如何回應。

而正誠媽發現自己過去好像也有這樣的傾向，但都不以為意，直到這陣子從正誠的口中聽到類似的話語，才開始反省：「正誠這孩子，是不是也被我影響了？」媽媽的心，糾結了。

最近為了正誠的問題，媽媽很煩惱。因為正誠老是無法準時交付應該完成的報告，老師不斷透過LINE催促，媽媽也急了起來。然而，只要媽媽一提醒，正誠就馬上搬出「反正，我就是做不到！」的託詞，讓媽媽頓時不知所措。那時媽媽才驚覺，自己過去的說話方式，已在正誠身上埋下負面思考的種子。「反正」這兩個字，是多麼具有破壞力。

今晚，正誠又歇斯底里了。

「反正，我就是這麼討人厭、這麼糟糕！我爛透了！」正誠愈說愈激動，不時緊握雙拳往自己的大腿捶打。

「正誠，你冷靜一下。」媽媽試著安撫正誠。正誠卻將媽媽用力推開，說：

「不要管我！不只妳和爸爸說我無法把答應的事情做好，現在連同學也都說我是個不值得信任的傢伙，誰跟我同一組，誰就倒楣。」媽媽猜想，正誠大概又遲交報告了。

「那你就把報告寫完，不要遲交呀。」不說還好，媽媽這話一出口，正誠暴跳如雷。

「妳以為我想要拖延嗎？我也想把事情做好啊！反正，我就是做不到！」後面那句話，正誠刻意拉高了音量。

媽媽以前都覺得只要自己願意，沒有什麼事情是不能改變的。現在，拖延卻成了正誠最難以克服的難題。

孩子拖延，心理師這麼說——

檢視拖延的內容

孩子的拖延，有時也反映他們對那件事情有所抗拒。有些孩子在面對一件有難度的事情時，容易在心裡暗示自己：「這件事太困難了，我一定無法完成」，接著便停在原地，沒有其他作為。

當孩子再次為自己的拖延找來許多理由和藉口，可以讓他反問自己：「然後呢？接下來我可以怎麼做？」

沒錯，重點就在於接下來可以怎麼做。

讓孩子知道，我們不需要他一再告訴我們他不行、他不能。我們想知道的是，他在進行的過程中，遇到了什麼困難？為什麼會有這樣的困難出現？面對這些困難，可以如何解決？而不是一直強調他不喜歡。

孩子必須好好檢視自己拖延的內容，並正視眼前這個問題。**只要自我覺察愈清楚，孩子就愈有機會從中找到自己拖延的盲點。**

尋找自己的行動詞彙

有時，孩子也不希望自己再拖延下去，他對這樣的狀況感到疲倦、厭惡。但他似乎也透漏著：「我真的想改變，可是我真的無能為力，始終停留在原地。」孩子得去找到屬於自己的行動力。就像機場輸送帶上的行李，我們得動手去將它取下，那些一再被延宕的事物，孩子終究也要自己去解決。

我們可以和孩子一起腦力激盪，把各種象徵行動力的單字、動詞，一個一個列出來。讓他想一想，哪些動詞能讓自己產生動力？最好是一想到，腦海裡就會有畫面、讓人想要動起來的動詞，例如飛奔、火速前進等會讓人想要動起來的詞彙。

掌握孩子的拖延情況

觀察孩子拖延的情況屬於下列哪一種：

- 事情就在眼前，孩子卻「動不起來」。
- 動起來了，可是方向不對。
- 跑去做些不必要的、不該做的事。

孩子出現長時間拖延作業的情況，可能是因為這些作業給他帶來自尊上的影響，讓他覺得自己的能力不足，或者對於與他人競爭、比較的結果敏感。這時，父母與其眼睜睜看著孩子把該做的事情擱置在原地，不想去碰，也害怕去碰，不如引導孩子思考，當他實際去做這件事後，到底會給他帶來怎樣的後果？或者，只是孩子一再自己嚇自己，為自己帶來不必要的恐懼？

有時，是孩子自己把眼前的事務放大了，放大到他覺得自己一定解決不了，也解決不好。若有這樣的情況，我們就讓孩子把事情給簡化，一次只做一件事情就好，也給孩子具體的時間，甚至，我們就在一旁陪著他完成。

想法的威力

找出藏在我們身體內的「懶蟲」——這隻懶蟲，讓我們缺乏行動力；這隻懶蟲，其實就躲在我們的想法裡面。如果有件事情擱在心裡不舒服了，就趕快去解決它。如果心裡一直被這些事情占據著，其實是很消耗腦力與心力的，也會讓人心情不美麗。

我常常強調，人的想法一定可以改變。不一樣的想法，可以為我們帶來不同的心情和感受。當然，想法是雙面刃，端看我們是對著正負哪一面。只要有對的想法，就能為我們帶來多點行動力。

我一直相信，想法可以改變一個人；關於孩子的拖延壞習慣，一定也可以透過改變想法來加以扭轉。

因此，我們可以**讓孩子賦予眼前的事情一個正面的意義和解釋。這將有助於提升孩子產生行動與執行它的意願。**

自我對話的魔力

讓孩子練習自我對話。由我們先示範，再引導孩子練習說出來。從說出來開始，再慢慢練習在心裡默唸。

自我對話時，可以和孩子一起想想看：以往自己都是為了哪些事情在急急忙忙？那股能催促自己、推動自己去做的動力是什麼？是時間的壓迫感，還是不做那件事情背後的代價？

自我對話是非常重要的。這有點像心中有兩個人在不斷相互提醒與監督，要把它形容成小天使或小惡魔都可以，我們將能藉此催促自己去完成眼前的事情。

重新調整事情的難度

面對一件有難度的事情時，我們總是無法輕易下手。孩子當然也是。

對孩子而言，眼前的事情就像個龐然大物，那黑壓壓的影子，令他們喘不過氣，更別說要他們動手去做。因為事情太難而不想做，這理由再充分不過。這時，我們能**視孩子的能力範圍，來重新調整事情的難度**。

合理的要求，會讓孩子較有意願去啟動那件事情。至少他們會覺得自己有機會可以解決或完成眼前的事務。

以數學作業為例，如果我們發現孩子對一元一次方程式的概念很模糊，可以先把類似的題型都暫停，再另外找時間好好教孩子弄懂這個概念。若要孩子繼續把時間耗在不懂的事情上，只會讓他們花更多倍的時間，卻沒什麼進展。

培養「決斷力」

回想一下，在過去經驗裡，孩子是否曾經自己決定了什麼事？**讓孩子練習自行選擇與判斷、讓孩子擁有決斷力**。不需要為孩子把所有事情都安排到最好，如果孩子只是照著我們的想法去做，他就少了他的選擇，也少了應有的判斷力。

面對一件待執行的事情時，我們總是容易在心中不斷想像可能會遇到的困難點，那會使我們產生畏懼與想要逃避的心情，進而妨礙我們去行動。當孩子將某件事情一直擱置在心裡、停擺許久，那麼，該是時候讓他動起來了！

不停想著事情的困難面，往往會使我們耗損許多時間，因此我們可以引導孩子去思考：是否還有其他更有效的方法？而非一味地鑽牛角尖。

別讓拖延傷了孩子的自尊

接納拖延事實，重建自信心

「力瀚這孩子到底怎麼了？明明還有很多事情要做，竟然還躺在床上。這次的報告再拖下去，可是會有好幾科被當啊！老師已經給他補救機會，只要把報告準時交出來就能及格。但……但……他還是這副德行！」

「去把他挖起來呀！這孩子對自己太不負責任了。不然，讓他被當個幾科，嚐嚐苦頭。」爸爸不以為然地說。

「這代價太大啦！不要說力瀚承受不起，我可也招架不住啊！你也知道，每次要他別再拖拖拉拉、趕快做事，力瀚就會像失控的獅子一樣，大發脾氣，再不然就是像個刺蝟，整個人敏感地武裝起來。我都不知道是哪一句話講錯了。」

「發脾氣？難道我們做父母的就沒有脾氣嗎？自己該負的責任，氣什麼氣？我都還沒跟他算帳耶，做事拖拖拉拉的，將來怎麼出社會！」爸爸氣得熄了手上的菸。

「話是這麼說沒錯。可是，你不覺得力瀚最近整個像活死人一樣嗎？臉色蒼白、兩眼無神，完全變了樣……」媽媽將目光移向房間，房裡的力瀚絲毫沒有要起床的跡象。

「怪誰呀！只要認真點，把該做的事情做好，我們也不會罵他啊。」

「力瀚的自尊心已經跌到谷底，再罵下去恐怕會帶來反效果。」

「才高中就這麼不負責任，以後出社會，誰願意聘用他？」

爸爸始終認為，每個人都要懂得對自己負責，沒有任何藉口。什麼自尊不自尊的？只要把承諾的事情做完，別人就會肯定你。如果不想被否定、讓人說三道四，就應該把分內事做好。這才是正確的基本態度。

然而，現在情勢演變，似乎無法朝爸爸想要的方向發展。

媽媽很著急：「如果這孩子不願意坐下來好好談，別說拖延的問題無法解決，若學科不及格還得重修，我真擔心力瀚會一蹶不振……」

到底是拖延讓力瀚沒了自信，還是他因為沒自信才拖延？這是雞生蛋、蛋生雞的問題，媽媽感到無比焦慮。

無論如何，這就像禽流感一樣，是終究得面對的問題。雞隻還可以撲殺，力瀚的自信可不能毀了。

孩子拖延，心理師這麼說——

陪伴孩子面對問題

讓我們陪著孩子一起面對問題，幫助孩子回想：過去有哪些事情是自己做到一半中途放棄的？過程中可以把範圍縮小一點，會比較容易回想。最重要的是，別忘了雖然他以前放棄了，但至少有開始行動過。

請記得，**與其讓孩子沮喪、洩氣（這並不能幫助他克服拖延），不如給予他所需要的最基本鼓勵與支持**。我們必須陪伴在他身邊，讓他知道，我們與他站在同一陣線上。

開口責罵？請稍候！

面對孩子的拖延，父母往往容易採取指責、批評、謾罵、懲罰等看似速成的教養方式。這麼做也許一開始會有效果，但實際上，問題卻沒有被解決——拖延這件事，依然沒有被正視；孩子到底想傳達怎樣的訊息，也未真正被釐清。

關於如何讓孩子動起來，應該是許多父母都想知道的事。有時，我們會在搞清楚狀況前就先罵孩子一頓，這麼做也許能讓孩子受制於父母的嚴厲指責，而勉為其難地動一下，但效果終究無法持久。

試著釐清孩子無法動起來的原因吧！這很重要。

拖延會給孩子的自尊與自信帶來強烈的殺傷力，一點一滴消磨孩子面對事情的決斷力，也會使孩子還未行動，就先產生畏縮、逃避的心情。因此，在抱怨孩子的拖延之前，請先想想如何解決眼前的問題，明確找出孩子拖延的主因，並釐清核心問題。

敏感字眼的判斷

孩子在聽了大人的某些話後，可能會有很強烈的情緒反應，這多少也在告訴我們，某些字眼對孩子來說是種壓力源。這時，不妨陪著孩子一起找出那些讓他特別敏感的字眼，再想想看，對於這些字眼，他是如何解釋、如何感受的？這個解釋是否合理？這些字眼是否特別容易喚起孩子過去不愉快的類似經驗？孩子是否過度放大了對這個字眼的感受？

與其告訴孩子未完成什麼，不如給他們一點回饋，提醒他已經完成了哪些事。掌握哪些事還沒做固然重要，但是當孩子陷入消極不堪的拖延，感到心灰意冷、沒有動力時，不如先讓他給自己一些肯定，讓他知道自己沒那麼差勁（畢竟也曾完成了一部分的事）。

預防負向思考的蠶食

負向思考很自然地存在我們腦海裡，它和正向思考有時是並存的。有負面思考很正常，但是不能讓負面思考理所當然地影響孩子的生活品質、學習狀況、人際關係，甚至情緒。

在看待生活、面對事情時，我有個一貫的態度，就是「轉念」——改變對事情的看法。

同樣一句話，聽在五個人耳裡，可能會有五種不同的反應。我們可以列出A、B、C、D、E五種反應，讓孩子思考不同反應背後的解釋，也讓他想想看，自己在同樣的情境中會做出什麼樣的選擇。

再次提醒，請多加留意孩子的負向思考，引導他以合理的方式對待自己。

除非他的某個負向思考能為他帶來正能量，否則，這些想法會慢慢地影響他看待事情的方式，連帶影響其行動力而更難跨出第一步。

讓孩子接納拖延的事實

在從事兒童青少年服務的過程中，很容易遇到的挑戰是：孩子沒有（或不願）覺察、沒有接受協助的動機、抗拒接受改變，或是非自願性地被家長或老師轉介進行協助。

要讓孩子願意改變，首先要讓他接受自己拖延的特質。

沒錯，拖延不是好事，它可能造成別人對我們的人格特質產生一些負面批評，讓我們感到形象受損，或對自己產生厭惡感。但拖延是既定事實，唯有先接受了這個事實的存在，才有機會進行改變。

也許孩子對自己這樣的特質不甚滿意，甚至不願面對，但是，蒙著眼睛、摀住耳朵、把頭塞到洞裡去，或者寧可蓋上棉被呼呼大睡也不願想起……這麼做，問題還是在原地。除非勇於面對，否則無論是做地鼠、當鴕鳥，都無法讓一個人恢復原有的自尊心。

若希望孩子維持良好的自尊心，讓他勇於面對自己深陷的拖延問題是很重要的。**陪著他一起勇敢面對、勇敢解決；讓他知道，面對問題，能讓別人知道他正在努力改變。而當他克服了拖延，也將有助於別人重新以不同的方式看待他。**

從跌倒處站起——自尊心的重建

孩子因為拖延而造成自尊心受損時，唯一的恢復方式就是讓孩子不再拖延。是的，維護自尊心的不二法門，就是把造成自尊心受損的關鍵原因揪出來。在這裡，解決拖延就是那個關鍵。

跌倒了，要不要在原地爬起來？每件事的情況不盡相同。如果今天是因為拖延而把自己絆倒，導致受傷、內心感到挫折，甚至使得自尊心有了凹痕，那麼要重新將自尊心「烤漆」的辦法，就是在原地勇敢站起、克服拖延。

家長們不妨告訴孩子：**他人的批評、指責確實總是讓我們感到不舒服，所以更**

應該回頭看看，造成自己如此不舒服的原因是什麼。

如果拖延的證據就擺在眼前，唯一的辦法就是讓拖延遠離自己。否則，再怎麼不想聽到別人以某些字眼刺激自己，這樣的聲音還是會一直存在。

孩子的自尊心、對自己的喜愛程度，是一點一滴慢慢形成的。這也是為什麼我說父母要很積極地協助孩子面對其拖延壞習性。只要讓孩子的拖延獲得改善，其自尊心就有機會昂然升起。

讓孩子產生「我有能力可以完成」的想法，讓他去感受實際完成某件事所為自己帶來的正面力量。當他完成了一件事情，有了小小的成果，這個踏實的經驗將使他心裡自然而然浮現滿足感與成就感。

成果展示——自信心的重建

把孩子完成的事情展示出來，給他一種「我做得到」的自信。

讓孩子藉由親眼看見自己完成的事務被展示，來告訴他自己：「我終於做到了，而且做得很好！」進而產生一種「動起來」的力量。

這樣的自信需要一次又一次被展現出來，而不只是喊喊口號。讓他知道，因為有他的行動、演練與努力，也因為他對自己負責，所以出現了這美好的結果。

「相信自己做得到，看見自己真的做到了」，這樣的自我回饋非常重要。

無論如何，孩子並非所有事情都拖延。從他曾經成功做到的事務上，尋找並分析能讓孩子立即動手去做的關鍵元素。就算只是細微小事，都能讓人在心中產生「我也可以！」的力量。因此，不妨讓孩子從細微處開始，慢慢記錄他曾經完成的部分。

接著，像打磚塊遊戲一樣，將「拖延」磚塊一個個打下來，當你聽到磚塊碎裂的聲音，代表孩子的自尊心也將被喚醒，因為他做到了，真的做到了。

現在就從與孩子自己切身的事務開始，詳列出能讓他行動的關鍵吧！

強迫症引發的拖延，怎麼「治」？

解決核心的焦慮問題

「哲惟，都幾點了，你還在摸什麼？再不去上學又要遲到了。你都被記多少次警告了？」媽媽已經受不了哲惟長時間占據著浴室，這現象已經持續了好幾個月。

媽媽實在搞不懂，哲惟每天到底都在浴室裡做什麼，「你當自己楊貴妃啊？洗澡洗那麼久，就算是貴妃也該出浴了吧？還有，為什麼每次都選在出門前霸占浴室？以為別人都不用上洗手間嗎？」

這些話聽在哲惟耳裡，只有滿滿的委屈，其實他並沒有在浴室裡享受泡澡，但他也很清楚，自己腦袋裡那些不合理的想法，實在不能說出口。因為沒有人會相信，而且說出來一定會讓家人嘲笑，但他確實因此而一直無法順利走出浴室……

輔導老師是哲惟唯一的宣洩窗口。

「你要說我心裡面不焦急、不緊張嗎？我也很想趕快出門啊！誰想要每天被門外的媽媽不斷嘮叨？我也很痛苦啊，何況因為遲到而被記了那麼多支小過和警告……」哲惟無奈訴苦。

輔導老師很欣慰哲惟願意信任自己，說出這些積壓許久的內心話。老師知道，當哲惟願意說出口，這些他所面臨的疑似強迫症傾向就比較容易改變。

「外面空氣汙染那麼嚴重，到處都是紫爆！我也知道這些地方已經洗過了，但是過了兩三分鐘，我就覺得身體又髒了。這真是沒完沒了的噩夢，我甚至把皮膚洗到都紅腫、發炎了。」

輔導老師點頭表示理解。

「我媽常抱怨我愛拖延，其實我也不想這樣。老師，你應該知道我的問題出在哪，世界上可能只有你了解我了。他們一定都覺得我瘋了！」

以專業倫理來看，輔導老師認為有必要讓哲惟的父母了解孩子的情況，以免讓孩子獨自面對這樣的痛苦。甚至，必要時也可以進一步尋求醫療上的協助。

孩子拖延，心理師這麼說——

同理強迫症（註）帶來的干擾

患有強迫症困擾的孩子，日常生活中往往會伴隨拖延的現象。造成拖延的原因，主要是花了太多時間在重複強迫行為，而沒有辦法專注在當下應該做的事情上。

● 強迫症（Obsessive Compulsive Disorder; OCD）是焦慮疾患的一種，主要包括強迫思考與強迫行為。其中，強迫思考常令人無法控制。某些畫面或想法會反覆在當事人的腦海中浮現，並為其帶來高度的焦慮與痛苦。

例如，面對眼前的作業、報告，孩子可能會花兩三個小時在特定的字句上，不斷地檢查再檢查，最後因為花費太多時間而延誤了後續該做的事情。該做的事情一直無法做完，往往會造成孩子更加焦慮，此時他的「強迫思考」就會再度出現。「強迫思考」出現了，就會同時誘發孩子的強迫行為。

於是，孩子會像迴圈般，不斷盤旋於特定字句，一點一點地將時間浪費掉。

解決核心焦慮，減少強迫行為

【第一步】找出壓力源

面對強迫症與拖延的關係，首先要觀察孩子對於壓力的因應與調適是否有所改變。

每個人面對壓力呈現的反應不盡相同，以強迫症的孩子來說，當壓力出現的時候，很容易讓他的強迫思考更加強烈，出現的頻率也愈高。同時，喚來更高度的焦慮。而為了緩和這些焦慮，其強迫行為也會更常出現。

雖然不斷重複進行一些不具功能的行為，可以短暫緩和焦慮，但是無形中也消磨了許多時間。這些被耗損掉的時間，又會反過來再造成當事人的壓力。最後形成一個惡性循環，使當事人像陷入無底洞般感到痛苦。

試著找出孩子的壓力源。在探究孩子的壓力源時，許多父母可能會希望孩子自己說出來；在實務上，我也常聽見父母抱怨：「孩子不說，我怎麼知道他有什麼壓力？」然而這樣的態度，對於孩子的強迫行為並沒有幫助。

【第二步】尋找穩定情緒的保護因子

找出壓力源後加以調整，將是改善孩子強迫症的主要關鍵。

與其等孩子開口說，不如換個方式，**觀察孩子在怎樣的情境下不會出現強迫行為（在這些情境下，孩子的情緒是相對平穩的），再試著從中找出能穩定其情緒的保護因子。**

能讓孩子保持穩定的因子可能是：足夠的睡眠品質、同學的支持與陪伴、父母親切與友善的互動，或是孩子本身擅長的事等。

【第三步】逐步減少重複行為的時間

強迫症的孩子往往會不合理地過度擔心、放大後果，或是有「如果我……就會……」的想法。

每個人的強迫思考不盡相同，有些孩子的強迫思考總是和「是否保持乾淨」有關，這時關於細菌、衛生、疾病、死亡等關鍵詞，就會被不合理地連結在一起。他可能會認為，如果身體沒洗乾淨，就會因為病菌導致健康問題，接著傳染給家人，甚至造成死亡。也許他自己也知道這樣的想法不太合理，卻還是控制不了這樣的想法出現。

現在，我們要設法讓孩子了解：**即使不做某些強迫行為，他原本所擔心的事情也不會發生，所以他得重新調整那些不合理的強迫思考。**

面對強迫症孩子的拖延問題，我們能以漸進式的方式讓孩子逐步做些改變。例如，原本洗澡時間需要一個小時，現在將時間設定在四十五分鐘，時間一到就一定要離開浴室；只要洗完澡，當天就不能再回到浴室洗澡。

在這少掉的十五分鐘裡，孩子可能會出現高度焦慮的反應。但是為了讓他的強迫行為逐漸降低，必須堅持這樣的規則。

注意力轉移——緩解被限制強迫行為的焦慮

在孩子因為被限制進行重複行為而焦慮時，不妨陪著他做些能緩和壓力的事，例如聽音樂、閉眼休息、畫畫、散步或聊聊天等，讓他在該時段裡放鬆下來。同時，也讓他知道，少了這十五分鐘的洗澡時間，並不會發生他所預期的恐怖後果。

像這樣，轉移強迫症孩子的注意力，讓他從事其他比較能放鬆的事情，可以避免他的注意力窄化、總是聚焦在原有的強迫思考上。

而當他緩和了焦慮的情緒，強迫思考就相對緩和，強迫行為也會降低，原本因強迫行為而拖延的時間也會跟著縮短。

再次提醒：當孩子因強迫症而造成拖延，他自己也是情非得已。這是因他的焦慮所引起的，所以爸爸媽媽們請留意，別讓你的誤解與責難反應，成為孩子的另一種壓力源。

別當濫好人！談孩子的「里長伯式」拖延

合理拒絕的必要性

良叡這孩子對自己太有信心了，總以為能把其他人交代的事情一一解決。然而，他包山包海，就是不包品質。對於班上任何活動、同學的所有請求，他都像個里長伯般一概承攬下來。

良叡很清楚，因為自己不善於拒絕的個性，總是將許多事情攬在身上，才把自己搞得分身乏術。雖然也想拒絕，卻不知該從何拒絕起，更擔心朋友會因此覺得他小氣。

對所有事情無不承接的結果，就是筆記本上記了密密麻麻的待辦事項。原本應該屬於自己的時間，卻被大量的外務給嚴重壓縮了。

曾有同學形容，良叡的狀況，就像一家倉促開幕的餐館，大張旗鼓讓客人免費試吃。身兼大廚和招待的老闆，因為擔心客人來不及用餐而倉促上菜，結果不是菜沒洗乾淨、忘了放鹽巴，就是飯沒煮熟，使得顧客們對這家店的印象大打折扣。

翻開良叡過去的事件簿，十之八九都是在時間緊迫下草率了事。這點讓同學們頗有微詞。但畢竟是「免費服務」，同學們也不再多所苛求。

「你一定要讓自己忙成這樣嗎？」看著良叡每天處理著過量的外務，媽媽終於忍不住了。

「唉呦，這也是人家看得起我啊！能者多勞，能者多勞啦！」

「盡忙別人的事，老把自己的事放一邊，這是哪門子能者多勞？先把自己的本分做好。哪天被你爸罵了，就別怪我沒提醒你！」

其實，媽媽也不想一味苛責良叡，熱心助人多少能為他的人際關係加分，也是好事一樁。但媽媽心裡滿是疑惑：「良叡真的有這麼熱心嗎？還是單純因為不知道怎麼拒絕別人，或者，有其他難言之隱？」

媽媽既擔心孩子被占便宜，也煩惱孩子對自己的事盡是拖延。此刻，良叡傻乎乎地又在幫同學組裝變形金剛，她只能搖頭嘆息。

孩子拖延，心理師這麼說——

了解時間總額的概念

做一件事情，需要花一定的時間；做很多事情，當然就需要花更多的時間。而我們都只能在有限的時間內，做有限的事。

像良叡這樣的孩子，他必須先搞清楚「**時間總額**」的概念，並仔細問問自己：

「我有多少時間？」

有多少錢就做多少事，當我們預支了現金，高檔的循環利息將會讓我們吃不消，所以得把錢花在刀口上。對於時間，也是同樣的道理，拖延同樣會讓人「利滾利」。而事實上，時間也不會讓我們預支。

讓孩子自己判斷：現在有多少時間？能做多少事？再學著謹慎承接任務，才能每件事情中遊刃有餘，不至於耽擱了該做的事。

每個人的可支配時間不盡相同，但能使用的總額時間都是一樣的。所以要去蕪存菁，去除不必要的、超出自己能力範圍的事，盡量讓事情少一點，讓時間多一些。

別讓孩子成了過江泥菩薩

有時，孩子很容易高估了自己運用時間的能力。當他承攬了太多事情而無法維持一定的品質時，不僅有損信用，周遭人們對他的評價也會大打折扣。

別讓孩子承接太多外務，莫名其妙陷入泥菩薩過江的窘境。他必須學著說「No」，別像我，到了四十歲耳根子才硬起來。

我常笑說：「臉皮厚一點，心臟就會強一些。」適度提出拒絕，雖然會感到不好意思，卻能讓自己多出一點時間，而不至於總是忙得團團轉。說「No」的藝術，讓孩子從小開始練習吧！

就事論事，勇敢說No

孩子要向周遭朋友說「No」，其實是需要很大勇氣的。這也是許多人的顧慮，擔心說了「No」，就會破壞自己在朋友心中的印象。

孩子的這份擔心是很真切的，我們當然得先去理解孩子的心情。然而，從理性角度來看，還是得試著讓他就事論事，讓他理解：**「拒絕委託」和「友誼的維繫」是兩回事。如果朋友因為被拒絕而否定彼此的關係，那麼是否真有必要維持這段友誼也令人存疑。**

孩子在面對拒絕邀約這件事時，總是容易陷入兩難——要違背自己的意願答應對方，會感到為難且不好受；要拒絕，又擔心對方不諒解，傷了彼此的感情……這時，不妨告訴孩子：「你的顧慮很自然，但請給自己『拒絕的勇氣』。」

提醒孩子，他拒絕的是「這件事」，而不是「這個人」。也許那位被拒絕的朋友，心中會有些許失望與抱怨，但是，相信真正的朋友都能了解他的立場和感受，選擇釋懷並接受。

勇敢說No三部曲

關於「拒絕」這門藝術，讓孩子練習採取三段式回應：

1. **感謝對方的請託**。例如：「我很高興你這麼看重我的能力，讓我感覺很驕傲。」

2. **清楚表達自己的想法**。例如：「但是很抱歉，你知道的，我常常有很多事情擺著沒做，我需要一些時間把該做的事情完成。這樣我比較沒有壓力，也不會被爸媽催促。」

3. **最後，同理對方的心情**。例如：「沒能幫得上這次的忙，可能讓你失望了。希望你能找到下一個幫助你的人。」

當對方提出的請求總是被拒絕，他再主動上前尋求幫忙的頻率就會下降。

另外，也可以換個方式婉轉拒絕，例如：「關於你的問題，我們可以一起想想如何解決比較快。」只要給予善意的回應，我想，貼心的朋友還是會覺得我們是個「夠意思的朋友」。

當孩子「非做完不可」，怎麼辦？

執著與彈性的巧妙拿捏

「我實在不懂，為什麼婕玲這孩子『使命必達』，你們夫妻倆也要頭痛？」鳳儀望著婕玲媽，繼續說：

「你們交代的事情她都做得很好，甚至有很高的自我要求。許多爸媽求之不得，你們還有什麼好煩惱？」

「鳳儀，妳說得沒錯，婕玲對自己的行為是很盡責的，這我們不擔心。但是她的自我要求實在太高了，讓她常常處在焦慮、匆忙的狀態。

「我常常要她放慢點，別急，但這孩子就是想要一口氣把事情做完……」婕玲媽擔心地說。

「一次到位，有錯嗎？」鳳儀攪拌著眼前的曼特寧，湯匙輕輕碰撞杯子，發出清脆的聲響。

「有時候，我們急著要出門，她卻不管怎樣都要先把作業寫完。但是等她寫完作業，我們大概也不用出門了。

「我一直跟她強調，事情有輕重緩急，先出門吃個飯，回來再寫都還來得及。她就是聽不進去……」

「孩子想要把分內事做完，很負責任呀！」鳳儀有些疑惑，「哈！現在的父母真是讓孩子難做人了。主動也不是，被動也不行。」

「鳳儀，妳別消遣我了。」

看到婕玲媽仍為女兒的事情愁眉苦臉，鳳儀趕緊接著說：「大部分爸媽都在煩惱自己的孩子會拖拖拉拉，結果妳家婕玲非做完不可也讓你們煩惱。只能說，這年頭做父母、當小孩都很困難。這麼說，公平吧？

「不過，我真羨慕妳有這樣的小孩，真是太盡責了。」

「婕玲這孩子真的很聽話，但我很擔心少了變通能力，她以後要面對複雜的社會，會有很大的挑戰。」

「唉，反觀我們家那個哲生，總是拖拖拉拉……不然，跟妳交換小孩算了！」

這一說，婕玲媽噗哧笑了出來。

「鳳儀，妳捨得把哲生讓給我？」

「好啦！那妳倒是說說看，婕玲是怎麼訓練的？」

「怎麼把我說得像在訓練寵物呀！」

「好啦好啦！妳家婕玲這種順從、盡責的特質是如何培養的？這樣總可以吧！」

孩子拖延，心理師這麼說——

灰色地帶之必要

「極端固執」常發生在泛自閉症孩子身上（例如自閉症、亞斯伯格症），這類型的孩子一般明顯缺乏彈性。當然，這並不表示文章中的婕玲就是泛自閉症孩子，因為泛自閉症還會牽扯到溝通表達與社會能力等問題。

這裡要聚焦的是**「彈性與應變」**的議題——孩子能不能給自己一個通融、模糊的灰色地帶？

而所謂模糊、灰色地帶該如何拿捏，是個藝術。

我們的最終目的是，要**讓孩子在不影響自己、傷害自己和他人權利，且不逾越社會規範的尺度下，擁有彈性空間**。

肯定孩子的責任感

和孩子溝通時，請先跳開想要直接改變他的訊息。這很容易讓孩子直覺認為自己可能做錯了什麼。

孩子當然沒有做錯事情，我們只是希望他可以更有彈性一些，對於突發狀況有多一點的轉圜空間。

因此，不妨先針對孩子「想要馬上完成」的動機，以及對自己負責任的態度給予肯定和鼓勵。

以「我」作為溝通起點

避免讓孩子覺得大人總是將錯歸咎於他。這不僅會壞了雙方的心情，更可能造成孩子日後拒絕溝通、互動與對話。

先從「我」開始，與孩子溝通。例如：

「因為待會要出門，我擔心外面會塞車，無法準時趕上用餐時間。能不能先把作業暫停一下，我們回來再完成？」接著可以再加上一句：「這麼做可能會讓妳感到不自在，真抱歉。」

像這樣，**以「我」為開頭的親子溝通，除了能充分表達父母自己的想法與感受，同時也能預防父母本身出現指責、批評、糾正、謾罵的語句。**例如「你怎麼老是說不聽？」「你能不能不要這麼固執？」

問問孩子：為什麼想要完成？

孩子主動想完成某件事當然是好的、值得鼓勵的，但也不妨讓孩子說說看，為什麼非要完成那件事不可？

聽聽孩子的想法，讓我們有機會更了解他，也藉此觀察在他的想法中，是否存在太牢不可破的固執。

先別急著生氣，因為這可能會讓孩子覺得爸媽有些莫名其妙，也在心裡產生疑惑：「為什麼我努力想完成一件事情，卻會被爸媽責備？」

判斷事情的輕重緩急

協助孩子分析哪些事情是緊急的、重要的，以及這些事情各自需要花費多少時間與心思。讓他知道，寫作業這件事固然很重要，但是，有時其他事情確實有其迫切性。而且一旦錯過了，就無法重來了。

一般來說，重要的事情需要花費的時間會比較長，且更耗費腦力，但在時間上可能會有些餘裕能讓孩子慢慢琢磨。而緊急的事情則有其迫切性，得在某個時間內及時完成。

引導孩子透過適當的取捨，先把眼前「緊急」的事情完成。他會發現，自己接下來還是有足夠的時間能繼續做其他「重要」的事。

排列各種解決的彈性

要鬆動孩子對某些事情的執著，平時可以和孩子一起練習每件事情的排列組合與彈性順序。

讓孩子知道，面對眼前A、B、C三件事，只要能在時間內完成，那麼，無論是ABC、BCA、CAB，還是CBA、ACB……每個順序都是可行的。藉此讓他練習多點彈性。畢竟大環境存在許多不確定性，他總有一天會遇到那種不得不「插隊」先完成的事情。

打破「一定」的鐵律

孩子有「現在一定要完成」的想法，而且有能力在適當的時間內完成，當然是非常理想的狀態。問題是，孩子是否能暫時放下手上正在進行的事，打破「現在一定要完成」的鐵律？現實生活中一定會有各種狀況出現，例如臨時得出門，或需要先停下手邊工作去洗澡等。

「一定要把它完成」的想法無關對錯，但我們可以試著去理解、釐清，孩子之所以有這樣的想法，是想傳達什麼訊息？他自己又是如何看待這個想法的？

如果中途暫停會讓他感到不安，不妨和他一起思考，這份「不安」是如何形成的？他在擔心什麼？他所顧慮的事情，一定會發生嗎？

在特定範圍內提供選擇

讓孩子二選一，藉此間接說服他停下手邊的工作。

舉個例子，如果六點三十分要出門，孩子得先暫停計算手上的十個數學題目。這時，我們可以告訴他，「你可以選擇先寫到第五題，或是第八題。」或問他，「要寫到六點十分，還是六點二十分？」像這樣，讓孩子在兩個選項中選擇一個方案。

這麼做，除了能維持我們的堅持（孩子必須在我們制定的某個範圍內做出回應），也能同時釋出選擇權給孩子。**讓他依自己的意願做決定，有被尊重的感覺，而那個「非做不可」的固執性也較能鬆動，進而接受大人的指令。**

要留意的是，給出太多選項容易讓孩子不知所措，或因為無從決定而感到焦慮。因此，**每件事情只需要提供二到三個有限的選項，會較為適切。**

克服拖延第三部 — 最省力教養

建立良好互動與生活公約

為什麼孩子「敢」拖延？

適時提醒拖延的代價

蒨文媽不希望婆媳間容易出現的衝突問題出現在這個家裡，所以總是視婆婆為親生母親，這讓她們婆媳倆維持了一段相安無事的時間。

然而，為了蒨文的管教問題，婆媳倆的關係逐漸產生了裂痕。

「蒨文根本不吃她媽媽那一套。唸歸唸，最後還不是她媽媽把事情攬起來做？管不動呀！」婆婆在電話裡和先生大姊的對話，讓蒨文媽聽了很不是滋味。「這孩子的個性也是很糟糕，我看還是要等她爸出差回來才治得了她。」婆婆像看熱鬧似地，愈說愈起勁。

「蒨文才小四就每天東摸摸、西摸摸，常常搞到半夜十二點還沒睡。這就算了，該做的事情也沒做。從小就這副德行，以後還得了？

「看我以前把你們教得多好，哪個人敢造次！現在的小孩一個比一個誇張，都是爸媽不會教的關係！」

婆婆的一番話讓蒨文媽著實委屈，忍不住開口打斷。婆婆斜眼看著蒨文媽，一邊往房間走去，這讓蒨文媽更加認定婆婆是在故意酸她、嫌她，甚至在背地裡說自己閒話。

「這是我的家務事，為什麼婆婆要像廣播電台一樣到處放送、讓我難堪？」蒨文媽一直覺得婆婆把自家裡的教養問題當成八卦內容談論，為此感到羞愧不已。

「我媳婦明明沒工作，只是照顧我那唯一的寶貝孫女都做不來……」

「唉呦，蒨文這孩子吃定她媽媽啦！」

「以前我可是帶了三個孩子，哪個敢像蒨文這樣拖拖拉拉的？」

「可別讓我這阿嬤出馬！」

類似的話語三不五時就傳到蒨文媽耳裡，讓蒨文媽對婆婆產生一股怨念。但是基於道德與倫理輩分，她這個為人媳婦的也無法跳出來指責婆婆的不是。

「為什麼蒨文老是拖延？為什麼她總是不把我的話當作一回事？」儘管對婆婆的說詞有所不滿，蒨文媽的心中也有著滿滿疑惑。

孩子拖延，心理師這麼說——

拖延，消極反抗的展現？

有一種拖延，是孩子為了抗拒大人交代的事情，而以敷衍的方式來延遲被指派的任務。我們可以透過觀察孩子在被交代一件事情時，是否表現出消極反抗的態度，來釐清孩子是不是屬於這類型的拖延。

所謂消極反抗，指的是在我們交代孩子做某件事之後，他就開始東摸西摸，沒有特別交代什麼事時，他卻能表現得非常專注。

如果有這樣的情形，可以思考一下，孩子反抗的理由是什麼？

我叛逆，所以我拖延？

許多父母可能會發現，愈叫孩子做某件事情，他就愈反其道而行。對於交代的事，我們愈提醒，他就愈不做。

孩子總會說「想要做自己」、「想按自己的想法行事」。面對這樣的狀況，我們就該思考，如何避免孩子有這種理所當然、「想幹麼就幹麼」的心態。

孩子的拖延有時是在試探大人的底線，這和社會性掌控有關；有時則是因為處在叛逆階段，只想做自己的事，而這多少也是他宣示自己想要長大的方式。

孩子有天可能會對我們提出一個又一個的疑問，像是「為什麼不能做我感興趣的事情？」「為什麼我不能滿足自己的需求？」「為什麼一定要聽你的話去做事？」「我對那些事沒興趣，也覺得那很沒意義、很無聊，有錯嗎？」這時，不妨讓他了解一個觀念：每個人活在世界上，處處與他人有關聯，不可能獨立生存，當然也就不能「想幹麼就幹麼」。當他對周圍人們有所求，就等於需要別人的支持與協助；同樣道理，面對他人的請求，也應有同等的回應。

父母可以體諒、同理孩子想要獨立、長大的心情。每個人都想做自己，但是不管怎樣，我們都還是處在這個社會脈絡裡。很多事情都需要有所取捨，而不能任由我們恣意妄為。

為什麼孩子「敢」拖延？

其實，「敢」這個字隱含了親子關係被定位在「上對下」的模式。有些人可能會對這般階級性的關係感到不以為然，然而，**「上對下」的關係有時是適用於某些特定情形的，例如孩子不去完成他應該做的事情時**。

有時，管教孩子的最大挑戰之一，來自孩子的社會性掌控、對立與反抗。當然還包括我們要孩子承擔的責任沒有產生效果，才使他總是對我們的要求無動於衷，將事情一再拖延。

那麼，孩子不想做，但又非做不可時，到底該怎麼辦？

在孩子無法強迫自己去面對某件事的情況下，由父母、老師給予適度的強迫，也可以構成一種驅動力。

這裡強調的「上對下」關係，倒不是要孩子怕我們。而是，**當孩子還在「他律」階段，仍需要透過大人的監督、陪伴，慢慢修正行為模式，進而養成習慣。**孩子是需要被管、被教的，他要遵從指令，並為自己負責。

進行疑問式分析

如果孩子總是對父母的話不為所動，建議好好針對孩子處理事情的態度與做法，進行徹底的研究與分析，一步步找出核心問題與癥結所在。觀察看看：

同一個指令，換成不同的人來說，會不會有不同的結果？

同樣一句話，由爸爸、媽媽或老師來說，有什麼差別嗎？

若是在不同的時間點提出，或是要他做別的事情，他會不會有不同的反應？

同時，也可以觀察看看，如果孩子對我們的話不為所動，那當下他在做什麼？為什麼我們允許他去做那件不是正事的事？為什麼孩子不去做那些真正應該做的事？

拖延的代價

如果在過去的經驗裡，拖延並未帶來什麼嚴重的後果，孩子當然就會放任自己一再拖延下去。因此，孩子需要知道「不去做某件事情背後的代價」，讓這個代價在他腦海裡不斷放大再放大，最好大到能對他產生驚嚇或嚇阻的作用。

不過，要留意的是，**孩子可以拿沒有完成某件事會引來的後果來嚇嚇自己，但別拿眼前的事情來嚇自己。**

我常常在想，為什麼孩子們明知某件事情如果沒做，可能會給自己帶來很大的災難，卻還是一再放任自己拖延下去？難道是他們真的天不怕、地不怕？或者，其實是他們對眼前的事情過度懼怕了，因而產生畏縮退卻的心，遲遲不敢動身？因此我要再次強調，**我們要讓孩子引以為戒的是拖延的後果，而非眼前這件待辦的事務。**

坦然修正教養模式

你是否總以「要求」的方式在跟孩子對話呢？請留意，這樣的互動很容易讓孩子產生一種要和對方分出勝負的感覺。

我常說：「孩子了解我們，勝過我們熟悉他。」因此，在拖延這件事上，**如果父母對待孩子的模式沒有改變（不管是輕易對孩子妥協，還是不了解孩子在乎什麼、討厭什麼），就很難讓他知道拖延可能帶來的後果，孩子也會更加覺得「遲一點也沒關係」**。

有時孩子的某些反應可能會讓我們既尷尬又難堪，特別是當孩子只聽A的話而不聽B，而自己卻老是那個B時。例如孩子只聽爸爸的話，而不理媽媽；或是老師說的話立刻就去做，媽媽說的話則慢慢拖、甚至不做……

若有此情形，與其抱怨孩子不給面子，不如反過來思考：我還可以如何修正教養方式？沒錯，這句話不太中聽，但是，必要時請先修正自己的教養模式。

建立良好互動

父母都想「管」、「教」孩子，往往會認為在面對孩子時，得具備一定的「高度」，於是以高高在上的姿態，要孩子聽我們的話、依我們的想法行事（最後卻總是事與願違）。

當父母放大音量、板起臉孔、拉高姿態，孩子可能會有兩種反應。

一是雖然聽從了父母的要求，卻也同時產生畏懼。如此一來，想要有「親密」的親子關係就會有困難，因為孩子平時總是很怕父母，能離多遠就離多遠。

另一種則剛好相反。孩子完全不吃父母那一套，甚至以更強烈的方式唱反調，反抗父母的指令。而父母為了維持自己的基本尊嚴，只能堅持下去，不計成本地持續加碼——音量加倍、臉更僵硬、動作更劇烈、姿態調高到幾近天邊……

無論是哪一種親子互動，都會讓彼此疲憊。夜深人靜時，心中總有著無限的沮喪，不知道為什麼關係會「搞」成這樣。

我常說，叫不動孩子時，就陪他玩吧！在實務中，我經常有感於「建立親子關係」的重要性。

對多數孩子而言，「玩」是一種強效的關係建立黏著劑。所以我總笑說：「如果你願意陪孩子玩，請說些好玩的事，帶他去好玩的地方，或帶好玩的東西給他，對於促進親子關係都會很有幫助。或者，你本身長得很好玩也可以！」

這不是要家長們去討好孩子，而是透過「玩」，讓關係得到潤滑的效果。很神奇的是，當孩子覺得好玩，你所說的話、交代的事情，他都聽得進去，也較不會出現拖延的情形。

從拖延中覺察自我

探究拖延，可以說是對一個人的內在予以分析的一個過程。因此，我們可以藉由觀察孩子的拖延，來了解他都是以什麼樣的標準來看待別人與自己的。

同時，也讓孩子練習覺察自己的身心狀態、和周遭事物的關係，並觀察自己信守承諾、自我要求、自律的能力。在這過程中，孩子也將慢慢學會了解自己。

為什麼有些事情孩子就是不肯做？

談孩子的選擇性拖延

又到了令媽媽焦慮的一刻。

每逢先生進入「趕工」狀態，全家的氣氛就會頓時陷入低氣壓。書房方圓幾公尺內，都得保持警戒狀態，媽媽也得把孩子們都趕到主臥室去。

「你們安靜點，別吵到爸爸，他正在趕報告。」

「媽媽，報告又不是羊，怎麼趕？」嘉珍童言童語問著。

「媽媽，為什麼爸爸不早點寫？拖～～到都要火燒屁股了。」嘉明刻意拉長了

「拖」字。連嘉珍也模仿起來：

「拖～拖～拖～～」兄妹倆都笑了開來。

「噓！安靜，不要吵到爸爸做事。」媽媽眼神瞄向書房，又轉身對嘉明說：

「你還敢說，你自己不也是老拖拖拉拉？」

「大人，冤枉啊！」嘉明刻意做出誇大的動作，好像要到衙門訴盡冤屈般。惹得嘉珍也大笑不止。「我可不是每件事情都拖，這要視情況而論啊！」

「視情況」這三個字，讓媽媽眉頭深鎖了。其實嘉明說得也沒錯，他不是每件事情都擱著。書房裡的老公也是如此。讓媽媽深感困惑的是：到底是視什麼情況？標準和原則在哪裡？

書房外，仍然蔓延一股低氣壓。媽媽可以感受到，房裡的老公正焦頭爛額著。如果無法在截止日前趕出報告，可就完蛋了。

「每次都這麼趕，為什麼不提早做？」媽媽在心裡嘀咕。但是這些話只能先藏在心裡，得等先生把案子趕出來，警報解除了，才能選個良辰吉時提出來溝通。

當然，「視情況拖延」的嘉明也得加入討論。

孩子拖延，心理師這麼說——

解析「選擇性拖延」

唯有了解問題的核心，才有可能真正解決問題。

事情擺在那邊，當然不會自己解決，除非有人幫忙完成。一件事情擱置再久也不會被當事人遺忘，反而會盤踞在他腦海裡，占據許多心思與時間，甚至會使一個人對自己產生厭惡感（我自己也常為這樣的自我厭惡感到困擾）。

不論大人或小孩，都難免會想選擇性完成某些事，其餘則一律擱置，或擺進記憶的冷凍庫裡。而在做與不做之間，一定有其心理因素存在。

究竟為什麼有些事孩子會主動完成，有些事情卻擺著不做呢？

我們不妨舉出日常中分別讓孩子想做跟不想做的例子出來，和他一起找出兩者的差異，加以比較、分析，找出造成他拖延的端倪。

接著，孩子得想想看，為什麼他在面對不同的事情時，會有如此不同的態度與意願？以及，在「想做」與「不想做」之間，到底是什麼在左右著他？把那些會使他想要「使命必達」的事情一一記錄下來，這也將會成為他給自己的一種回饋。

另一種選擇性配合而引起的拖延問題，則主要是起於孩子對不同的人有不同的反應模式。有些媽媽可能會覺得孩子只聽爸爸的話，卻不把自己說的話當一回事，搞不懂為什麼孩子會有這樣的「差別待遇」，進而感到疑惑又沮喪。

正視不欲人知的一面

明明有些事情，我們能順利在指定日前完成；有些事情卻始終擱置，任由時間經過，還是不願去觸碰。即使知道那些事並不難，但就是不願意有個開頭……每個人多少都會拖延，只是這有瑕疵的部分，平時不會想讓別人知道。

我們向外人展現的，通常是自律、美好的一面；我們也總是強調自己「使命必達」、負責任與遵守承諾的一面。心裡那一小塊陰暗不為人知、可能有損別人對我們自己的評價的那部分，則會很自然地被掩藏起來。只有當事人自己知道那個角落的存在，這個角落會讓人對自己產生厭惡感，也不斷在心裡產生負擔。

要避免孩子陷入這樣的困境中，最好的方式還是陪著他面對，一起思考讓他不願去做的原因到底是什麼？

讓孩子知道，**正視自己的拖延問題，其實也是在對自我心理狀態進行更進一步的了解。在克服拖延這個壞習慣的過程中，也將能整理自己的想法、情緒以及行為模式。**這將會改變他對一些事情的看法，也能改善周遭人們對他的信任問題，以及他個人解決問題的能力、時間管理的效率，與情緒管理的掌握等。

面對孩子的「等一下」，我該妥協嗎？

給予明確的責任區與說話用詞

「所有客服人員都在忙線中，請稍候……」

媽媽已經受不了電話另一頭，不斷重複的這句話。貼著話筒的耳朵開始感到燥熱。

「我打這通電話不是要來聽這句話的！」媽媽不耐煩地對著話筒大聲說。聽到電話那端傳來音樂和一再重複的話，心裡燒起熊熊烈火。

媽媽想起以前從事祕書工作時，多有效率。每次跟對方說：「請稍候。」不到十秒鐘就能給對方回覆，現在的服務專線卻永遠停在語音留言，一點效率也沒有。

「已為您轉接客服人員……」媽媽用力掛上電話。

「請稍候」這句話之所以讓媽媽如此反彈，也是因為它讓媽媽想起老是把「等一下」掛嘴邊的瑞升。

「瑞升，你洗澡了沒？」

「等一下！」

這三個字魔音傳腦般，不停迴盪在耳邊，讓媽媽立即不耐煩起來。

「等一下、等一下……到底要讓我等到什麼時候？」媽媽以高八度的音調反問。

每回瑞升說「等一下」，都不只是等一下。按字面上意思，孩子應該過不久就去完成該做的事情，但瑞升的「等一下」，卻總像是在告訴媽媽：「這件事就交給妳了，自己做吧！」讓媽媽感覺像是客服專線那句極不友善的「請稍候」。

媽媽漸漸覺得，瑞升的「等一下」只是推託之詞。

但若問他：「等一下？那我要等多久？」瑞升就會頓時火爆起來，嚷嚷著：

「我不是說了『等一下』嗎？幹麼一直催我，很煩耶！」

母子間的衝突常因此一觸即發。那句「等一下」總能在一瞬間點燃戰火，讓媽媽很是揪心。但是，媽媽實在不想眼睜睜看著瑞升的拖延惡習持續下去。

「再等下去，這孩子的自律、對別人的承諾就要瓦解了。」

「再等下去，以後出了社會怎麼辦？誰願意等他？」

「等，還是不等？」這問題不斷在媽媽腦海裡盤旋。像鐘擺般，無盡地擺盪著。

孩子拖延，心理師這麼說——

劃出清楚的責任範圍

想想看，在你交付孩子的待辦事項中，存在多少「強迫」的成分？請留意，這往往會讓孩子在心裡產生抗拒，而不願去處理你要他做的事情。

不過，有時是孩子本身易有「被強迫」的主觀感受，其實父母們的要求多半都還在合理範圍內。事實上，沒有人喜歡被強迫，但有些事情就算孩子不想做，也不能放任他為所欲為。例如，有的孩子會懶得去洗澡，要他洗澡總是拖拖拉拉，父母得採取幽默好玩的方式，才能誘導孩子進入浴室。

但是，這種透過遊戲建立生活習慣的模式只適合學齡前的孩子。進入學齡的孩子終究得適度運用強迫的方式，讓他能立刻準備好盥洗衣物、進到浴室（只要順利讓孩子打開蓮蓬頭、洗了頭，他就能接著洗完身體）。

有些孩子會不斷告訴父母：「不要強迫我做任何事情！」那麼，是否孩子就能想幹麼就幹麼，完全按照他的意願行事呢？答案當然是否定的。

在溝通上，建議可以和孩子一起列出屬於其責任範圍內，他有義務去完成的事情。讓孩子了解，雖然其他事情更具吸引力，他還是得去面對眼前這件該做的事（即便那可能是會讓自己焦慮，甚至厭惡、想要逃避的事情）。將責任區劃分清楚還有個好處，就是孩子將沒有推卸責任的空間。

精準的時間用語

孩子很容易暗示自己：「只是稍微休息一下，做點別的事情，沒關係的。我馬上就回來。」這裡的「馬上」看似很具體，其實對孩子來說還是非常模糊的概念。

因此，父母不妨和孩子約定好，除非真的能立刻回來做那件他該完成的事，否則**與其說「馬上」，不如清楚地訂立一個不能改變的時間，例如「五分鐘」**。

當然，這麼做可能還是會有孩子不斷把這個五分鐘自動展延，從五分鐘變成「再五分鐘」。然而，這個「再五分鐘」的自我妥協，將會讓孩子把時間無止境地耗費在不該做的事情上。這點父母不能不留意。

不經意傳達的「不在乎」訊息

不管大人、孩子，人人都愛說「等一下」，卻不愛聽到對方說出這句話。

想想看，當一個人脫口說出「等一下」，究竟要傳達什麼訊息？

有時，父母容易對孩子的提問表現出不太在乎的樣子，甚至因為想敷衍了事而以「等一下」三個字來擺脫孩子的糾纏。日子久了，孩子也以同樣的方式來回應。

這並非源於孩子的報復心態，而是一種完全的仿效。

有時父母甚至會告訴孩子：「以後再說。」這句話幾乎也等同「謝謝收看」，背後的意思是：「不管你說什麼，我都不會去做。」因為那件事情已經被他拋諸腦後。

回想一下，你是否也常對孩子說「等一下」？是否常讓孩子等待，最後卻沒有下文，或總讓孩子感覺過了好久的時間才得到回應？請注意，**你的「等一下」，也會讓孩子感到厭惡、反感、不舒服，或讓他覺得自己被敷衍**。

時間概念模糊

有時大人可能會認為「等一下」指的是馬上就會去做，或是三、五秒鐘後就會有所行動。可是對孩子來說，「等一下」可能是指等他看完卡通、玩完一場電動遊戲、把樂高組完，或是「等我想做時再做」。

親子間對「等一下」的定義之落差，也牽扯到孩子對於時間概念可能過於籠統、抽象且模糊，甚至沒有一個具體的標準。

「等一下」，到底是等多久？

引導孩子說明，這個等一下是指三分鐘、五分鐘，還是十分鐘。或者，它根本只是個敷衍的說詞？讓他去思考，為什麼一定要等一下？為什麼要等到明天，而不能現在就去做？同時讓他意識到，這句話他已說了太多遍，甚至因而變成了說話時的慣性回應。

改變說話習慣，使用明確語詞

1. **教導孩子採用精準、正確的說詞**，甚至可以和他一起討論「等一下」這個詞的定義。究竟等一下是等多久？是以「秒」計算，還是「分」？還是憑當下的心態與心情來決定？下回，當孩子說出「等一下」，可以拿張椅子坐在旁邊，用手機計時，看看他到底要過多久才會動手執行。

2. 當然，「等一下」有時也表示當事人正在忙其他事。如果是這樣，就讓他

清楚說明自己不能馬上抽身的原因。

3. 確認孩子是否想藉由「等一下」這三個字來告訴爸媽：「我不想做這件事！」如果是這樣，就讓他試著說服爸媽，**具體表達真正的想法，而不是用「等一下」來敷衍、逃避眼前應該做的事情。**

4. 引導孩子改變說話的方式，**將那句習慣性的「不要催啦」、「再一下下」、「還沒好啦」、「等一下」……改成「好的，我馬上來」**。改變說話的方式，不僅能調整自己的想法，也是在告訴對方，自己正在改變，讓對方知道自己已明確接收到訊息，並且馬上採取行動（就像餐館裡的服務生說：「好的，我馬上來。」隨後立即遞上菜單或端上飲料一樣）。

「反正你會幫我做！」

談孩子的媽寶／爸寶型拖延

「奇怪，這個家又不是只有我一個人，為什麼所有事情全部跑到我頭上來？不僅先生如此，女兒、兒子也是這樣。」媽媽一直覺得很累，心裡不斷抱怨著，卻不知道這心裡的苦該向誰訴說。

「我真的不想再像個無頭蒼蠅似地，好累啊！」

這回媽媽終於逮到機會，和「以前」的閨密佩琦聯繫。之所以說是「以前」，也是因為為人母後，完全沒了時間能和過去的好友相聚。逛街、聊天、喝下午茶……都已成為往事。還好現在偶爾能靠手機的通訊軟體聊聊天，多少有個窗口得以抒發。

「無頭蒼蠅？」佩琦實在無法把昔日優雅氣質的珍妮和蒼蠅連在一塊。

「唉，我可真羨慕未婚的妳！妳都不知道嫁作人妻後，我這些年的日子是怎麼過的啊！」

「哈哈！真抱歉啊，珍妮。我未曾為人妻、為人母，那日子我還真沒體驗過。」說的也是，已婚、未婚，還真是兩個截然不同的世界。珍妮心想。

「最近在忙什麼？」佩琦自然地拋出這個話題。沒想到讓珍妮話匣子一開，一時無法停下來。

「忙什麼？還不是在忙大的、小的，完全沒了自己的時間。這個家要是沒有我，可真是會大亂啊……」珍妮想到是自己在家中獨撐大局，一度覺得挺驕傲的。但理性很快又斷了線，頓時感到委屈、不耐。

「佩琦，如果妳要結婚千萬要想清楚，特別是生小孩，更要三思啊！

「還好，我沒有跟公婆一起住，否則……」

佩琦發現再不打斷珍妮的話，恐怕連自己都要感到吃不消。昔日優雅的珍妮似乎真的已隨風而逝。

「等等，珍妮，妳家兩個孩子不是都上國中、國小了嗎？應該也可以主動幫忙做些家事吧？」

「做家事？他們連生活上的小事都要我三催四請，最後還不是要我親自動手。做家事？做夢啊！」珍妮不以為然地回著。

「可是，也是時候放手了吧？畢竟兩個孩子都大了。」

「放手？不只兩個孩子，就連我老公都那麼依賴我。想放手？門都沒有！」

佩琦雖沒結婚生子，卻能嗅出珍妮的問題出在哪。沒錯，其實問題就出在珍妮自己身上。

孩子拖延，心理師這麼說——

家有媽寶／爸寶？

孩子有時會對自己的拖延不以為意，心想：「反正拖著不做，除了下達指令的人（爸媽／老師）以外，也只有我知道。」而當父母提醒得太多，也會讓孩子對父母產生依賴，甚至能預期父母的行為模式，認為「反正我不做，爸媽也會幫我做」……

家中有「媽寶、爸寶」，其實象徵親子關係已有所「質變」，表示孩子已出現過度依賴父母的問題。而這問題並不單純來自孩子本身，有時也反映出家長本身因過度焦慮而幫孩子做太多的事實。

想想看，你是否已幫孩子做了太多？還要幫到什麼時候？

為什麼要幫孩子做那麼多事呢？有時其實只是爸爸媽媽想要降低自己的焦慮，

或是想省麻煩——因為覺得孩子根本不可能自己動手做，於是直接替他完成，「這樣比開口催促來得乾脆些。」有些父母甚至認為這麼做能減少親子間的衝突。

別當孩子的祕書

請不要成為孩子的祕書，這很容易讓孩子產生惰性。

如果任何事情父母都要卯起來承擔，孩子當然也就不需要對自己的行為負責。因此，家長也有必要自我剖析是否對孩子太不放心——**這種「不信任」的訊息很容易在不知不覺間傳遞給小孩，而當孩子愈感到不被信任，就愈容易呈現出讓大人不可相信的樣子。**

想想看，孩子讓你放不下心的原因是什麼？為什麼要幫他做？你是否已被孩子看出了底線？

以收拾書包為例，如果沒有人替他做，他當然就得自己動手整理；如果還是不收拾，他就要承擔隔天到學校可能面臨的問題。很多父母可能會擔心孩子因此被學校處罰，但是，適度讓他承擔後果，對於養成自我負責的心態也是很關鍵的。

請不要讓自己的堅持一再破盤而妥協。孩子的成長路上，我們不可能隨時為他把眼前的碎石清掃乾淨。該讓孩子感覺到痛，甚至留下疤痕，才會有所警惕，拖延的問題也才有機會被破解。

練習適時放手

媽寶／爸寶型的拖延，真正要解決的是家長對孩子的不信任、不放心。改變自己總是覺得孩子會出什麼問題的習慣，也試著別那麼容易將一件事情聚焦在負面訊息上。

爸媽做得愈多，孩子就愈欠缺寶貴的實作經驗。為了孩子好，請試著放手。

回想一下，在過去一天、一星期、一個月內，自己曾放手讓孩子做了什麼事？如果幫他做了一些事，也有必要回頭檢視，在這些事情當中有哪些是他可以自己完成的。如果不替他做，原本擔心的事情一定會發生嗎？為什麼會發生？如果真的發生了，又可以如何解決？

孩子有媽寶／爸寶型的拖延，怪不得別人。這句話很殘酷，不見得所有家長對於有這樣的親子關係都願意承認。但我們還是必須面對，否則將會在無形中加深孩子的拖延問題。

停止無效的叨唸

「多說無益」，別讓自己的發言變得沒有價值，特別是重複的提醒與叮嚀。

我常說：如果「唸」有用，講一次就夠了。同樣的話跟孩子講了十次，就得有心理準備，他會讓你說第十一次。這也表示，前面十次都是完全沒有作用的。

養成自動化的習慣

孩子很容易開口問：「我的聯絡簿在哪裡？」「我的鉛筆呢？」「橡皮擦去

哪了？」

每一次詢問，都表示他上一次使用完畢沒有將東西放回固定位置。

將物品隨性擺放或許能帶來生活樂趣，但是對於「自律」的養成卻一點也沒助益，因為這將會讓他把時間大量耗費在尋找物品上。

對於某些例行性事物，特別是物品的放置及取用，不妨讓孩子建立一套固定的行為模式。透過行為「自動化」，他將能省去不必要的回想時間，以增加做事情的效率。

舉例來說，我們可以規範孩子放學回家後，先完成以下幾個動作，才能繼續後續的活動：

- 把書包放到書桌旁的固定籃子裡。
- 在學校洗好的餐盒，拿到廚房擺放。
- 脫下來的髒衣服、襪子，分類後丟至洗衣籃。

如上述，讓孩子日復一日順著既定流程走，熟悉日常程序至能夠自動化地完成，便不再需要大人的提醒與叮嚀。

孩子上學總是遲到，怎麼辦？

追蹤睡眠週期，建立規律生活

這頓飯，吃得氣氛凝重。

順仔開學迄今，已經因為上學遲到而被記了無數次警告。全家人為此爭議不休。

「你看你，這件事情該怎麼解決！」媽媽拿出手機，上頭顯示著導師傳來的訊息畫面。順仔苦著一張臉，不說一句話。

「說話啊！別當作沒這回事！你們導師三天兩頭就傳LINE提醒我，不，應該是明示、暗示地『警告』我，要我多注意孩子，多負點管教的責任，別再讓他遲到。

「還強調，全班就屬你的問題最糟糕！真丟臉！」說完，媽媽眼神斜瞪著順仔，隨後轉向順仔爸。

「妳看我幹麼？」

「幹麼？為什麼你不說話，表示點意見？」媽媽最討厭爸爸總是那副事不關己的模樣。和順仔有關的事，媽媽都得攬在自己身上，好像單親媽媽一樣。

「妳就讓他早睡早起呀。」

「又是這套老掉牙的無用理論，我已經很努力讓順仔早睡了！」

「那他應該就早起呀！」

「哈！說得簡單，如果他能順利早起，上學還會遲到嗎？」媽媽很不以為然地說道。

「那就把他叫起來啊！」先生不說話還好，話一出口，讓媽媽心裡更火大。

「怎麼問題到你這裡都變得好像很簡單？你以為他那麼容易叫醒嗎？」

媽媽愈說愈氣，似乎沒有要停下來的跡象。父子倆各自一手端碗，一手拿筷。

在媽媽滔滔不絕的抱怨聲中，不知如何是好。只見滿桌的菜都要涼了……

孩子拖延，心理師這麼說——

責任感的建立

以我自己為例，當我必須搭乘早班高鐵到外縣市時，通常會把起床時間設定在清晨四點四十五分，給自己預留約半小時的時間進行出門前的準備，再從宜蘭開車前往台北車站。

女兒曾問我，為什麼天氣那麼冷，爸爸還可以那麼早起床？當下我刻意挺起胸膛，用力拍了一下自己的肩膀，說：「責任！」隨後，開玩笑地用力拍向自己的鮪魚肚，說：「不負責任！」

沒錯，能否早起，以及是否擁有「中廣」身材，多少和責任、生活習慣有關。對孩子來說，冬天氣溫那麼低，如果可以繼續在被窩裡睡覺，是多美好的事；爸爸我當然也想繼續窩在暖呼呼的棉被裡，但還是會驅使自己早起。若因為睡太晚而錯過了交通時間，造成演講延誤，那後果可不是簡單一句「不好意思，我睡過頭了」就可以帶過的。

要長期維持這樣的習慣，責任感的建立是刻不容緩之事。而所謂責任感，即是對自己、對別人以及給出的承諾負責的態度。

對後果的在乎程度

有些父母可能會發現，當孩子隔天要校外教學或和同學約了要見面，都會主動提醒：「爸爸，明天記得叫我起床！」「媽媽，妳鬧鐘撥了沒？」在這些情境中，孩子對於「能不能準時」這件事情就顯得戰戰兢兢。我們多少也可以由此觀察出孩子對於每件事情的在乎程度。

回過頭看，當孩子上學老是遲到，不妨想想看，除了被記警告和扣分，是否還存在其他會讓他更在乎的後果？若他對可能引來的後果感到不痛不癢，那麼是否準時出門、上學，對他而言就不是那麼重要了（因為就算遲到了也沒關係）。

因此，建議父母讓孩子自己說明，他對不同事物的看法。說得愈仔細愈好，這將有助於更進一步了解孩子。

睡眠週期與循環

過去父母常會叮嚀孩子要「早睡早起」，但現在，考慮到每個人都有屬於自己的睡眠週期與循環，不妨換個方式告訴孩子：「明天的起床時間，決定你今晚要幾點睡。」

睡眠循環是由不斷反覆的淺眠至深眠構成。每個人的睡眠週期不盡相同，有些人以一個半小時為一個循環，有些人則是兩小時一個循環。叫孩子起床時，在一個睡眠循環結束後喚醒他，會比較清醒。反之，如果一個睡眠循環還未結束就把孩子叫醒，你可能會發現要他起床的難度大幅增加，而且就算勉強起床了，往往也會精神不濟或伴隨起床氣。

【就寢時間的計算】

試著從孩子的睡眠循環中找出規律性，確認其循環時間是以一點五小時為倍數，或是以兩小時為倍數。

假設孩子的睡眠循環是以兩小時為一單位。若他隔天早上要在七點鐘起床，我們就可以試著往前推：清晨五點→凌晨三點→凌晨一點→晚上十一點→晚上九點。便能得出最佳就寢時間是在晚上九點或十一點。在這兩個時間點睡覺，他將能完成數個完整的睡眠循環。

當然，我們也要去分辨孩子是「不易起床」，還是「起床後會拖延」。如果是前者，則能試著使用上述的睡眠循環方式。若是後者，最好的方法就是提早把孩子叫醒，讓孩子有更充裕的時間能為出門做準備。

提供早起的誘因

給孩子提供多一點關於早起的「誘因」，讓他願意帶有目的性地自我催促，也多一分提早出門的動力。

例如安排早起晨泳或晨跑，維持鋼鐵般的自律；有些老師則會給孩子出一些「晨起任務」，例如早自習前到學校參加國樂或合唱團團練，其他像是社團活動、體能活動或球類比賽的安排等，也會有相同的效果。

克服拖延，其實也是在建立一個良好的習慣。當孩子養成了一個不好的習慣（做事拖拖拉拉、賴床……），我們就想辦法將它扭轉過來。這當然需要時間，但未必一個累積三年的壞習慣，就得花三年才能改回來。讓孩子知道，只要他願意改變，爸爸媽媽就會和他一起努力、甩開拖延的壞習慣！

孩子生活習慣糟，怎麼辦？

制定家庭常規，從細微處逐步改變

多數父母都希望自己的孩子在生活上能夠自動自發。特別是將屬於自己責任範圍內的事情做好，而不需要大人像巡邏警察般時時提醒或嘮叨。小竹、小梅的爸媽，也對他們的女兒有相同的期待。

令他們不解的是，家裡卻老是有些狀況出現，尤其明明只是舉手之勞的事情，家裡兩個孩子卻總是一再拖延。

「不過是那麼簡單的小事，花個幾分鐘就能做完，為什麼連這種事也要拖？」

這句話已成為媽媽每天必定多次播映的台詞。

生活上的瑣事特別容易讓媽媽動怒。雖然生氣也起不了太大作用，但不好好把心裡這口氣宣洩出來，實在太難受。

「是誰把吃剩的飯菜堆在這裡不收拾？」這回，媽媽又發飆了。左手扠腰，右手指著洗碗槽裡的剩菜剩飯與餐盤碗筷，大聲嘶吼著。

每次這類糟糕的事情發生，總是得先確認犯人是誰。媽媽的嘶吼聲劃破早晨的寂靜，小竹、小梅也被召喚到跟前來。

「小竹，是妳？還是小梅？」小梅急忙搖頭，她可不想一大早就被栽贓。要是被火爆的媽媽誤罵了，真的會壞了一天的運勢，說不定還會倒一整天的楣。

「小竹，怎麼又是妳？到底要我說多少遍！老是講不聽，妳是在養蟑螂嗎？」

媽媽轉頭向慣犯小竹破口大罵。

「噁！」一聽到「蟑螂」這兩個字，小梅做出了誇大想吐的動作。小竹已板著臉，眼睛斜瞪著小梅。

「瞪什麼瞪？本來就應該是誰吃誰收拾，更何況已經放了一個晚上……」

小梅聲音愈來愈微弱，她知道小竹和媽媽一樣火爆，招惹不起。雖然即將上演一齣好戲。但小梅還是識相地遠離「觀眾席」，趕緊抽身去準備上學。

吃飽飯不收拾，只是這個家經常上演的其中一場戲碼，其他拖延「定目劇」（註），媽媽總會在固定時間、固定地點以高分貝登場。

「是誰又……」下一場戲又開始了。

孩子拖延，心理師這麼說——

訂立家庭常規

自律還在發展階段的孩子，在行為的養成上更需要受到規範，特別是由父母、

●指不斷重複演出的劇碼。

老師來給予規範。因此，建議父母可以針對「該做的事、想做的事、喜歡的事」，與孩子訂立一套常規：**他得先把「該做的事情」做完，才能接著去做「喜歡的事」和「想做的事」**。而後者通常會是孩子的休閒娛樂。

父母當然也可以用「責任制」來管教孩子，只是在實施責任制之前，我們得先確認孩子能對自己的分內事負責，並按時完成。

以幽默管教取代責備

對待孩子，我們都可以再幽默、輕鬆一點。只要願意放下身段，許多可能發生的親子衝突都能迎刃而解。

面對孩子的拖延也是一樣，不妨以幽默的方式來對應，避免習慣性地以責罵處理。這特別適合學齡前的孩子，能使他們心甘情願地在遊戲中完成該做的事。

舉我的親身經驗為例。我曾一度為了某件事和女兒冷戰了幾個小時，後來女兒有些尷尬地來向我道歉。她本以為我會藉此說些大道理，我卻學起韓國偶像團體

Super Junior跳起舞來，對她說：「妳應該唱：Sorry, Sorry, Sorry, Sorry……」這番出乎女兒意料的反應，也頓時化解了父女兩人因爭執而生的尷尬。

透過遊戲的方式與小孩互動，能讓孩子覺得好玩、有趣，也比較能在放鬆的情境下，去做他原先不想做的事。

這樣的互動模式不僅能促進親子關係，也能讓孩子較有意願聽從父母的想法與指令。

現在就換個方式，透過遊戲來和孩子互動吧！

【情境一】物品總是亂丟

要讓孩子動身完成某件事情，不妨加入些有趣的元素，讓孩子在過程中產生一種良好的情緒。

例如，我的孩子亂丟物品時，我曾告訴他：「弟弟，趕快過來，你的好朋友找不到你，坐在那邊哭了好久！」話一說完，弟弟一臉狐疑地從房間裡走出來，跟著我來到浴室前。他看到我正指著地上的髒衣服，便明白我的意思，趕緊拾起地上的衣物往後陽台去，再將待洗衣服丟進洗衣籃中。

透過這樣有趣的方式，孩子能接收到我想表達的訊息：洗完澡要將換洗衣服丟進洗衣籃裡。彼此心照不宣。更重要的是，面對孩子亂丟東西這件事，我也能在不扯嗓門、不燃起負面情緒的前提下，將問題解決。

有些父母可能會覺得孩子亂丟東西就該罵，他才會印象深刻。沒錯，當我們選擇以責罵的方式處理，的確能讓孩子「印象深刻」。但這時深刻的，不盡然是「下回別再亂丟東西」的觀念，而是父母責罵時表現出來的負面情緒。

【情境二】急著出門，孩子卻總是慢吞吞

面對生活上的諸多教養瑣事，請盡情發揮創意，透過「玩」來與孩子互動。

很多孩子會在出門前拖拖拉拉，往往不是臉沒洗乾淨，就是襪子還沒穿、書包還沒整理……皇帝不急，急死太監。儘管知道喊破嗓門也沒用，父母還是只能一再從旁催促。

在我們家，如果要趕著出門，我會和孩子玩起「飯店服務」的遊戲。

「早安，先生。本飯店目前提供免費代客洗臉服務。」話說完，隨即拿起毛巾往孩子臉上一擦。

「另外，對於飯店貴賓，還有提供穿襪、穿鞋服務。」再馬上為孩子穿上襪子、套上鞋子。

當孩子總是在時間緊迫時拖拖拉拉，我們也許可以試著透過這樣的「情境遊戲」來解決眼前的緊迫性。孩子也會覺得爸媽是在跟他玩遊戲，而不會將大人一時的協助視為理所當然，進而產生依賴。

【情境三】吃飯總是慢吞吞

有些孩子連吃飯都會表現出「愛吃不吃」的樣子。這時，我們可以把湯匙當成「挖土機」，碗裡的飯當成「沙子」，嘴巴想像成「砂石車」，和孩子玩起尋寶遊戲。

「我們現在來用挖土機挖寶藏，看看翠玉白菜躲在哪裡。」一邊舀一匙飯放進嘴巴，一邊尋找躲在飯裡的白菜。

我也曾和孩子玩起停車場的遊戲。孩子不愛吃飯時，我用手指輕輕碰觸他的鼻子，說：「請按鈕取票。票卡處理中，請稍候。」孩子便會張開他的嘴巴，我就能把湯匙放進他的口中。而在這過程中，孩子也會玩得不亦樂乎。

循序改變，不躁進

面對孩子的拖延，如果連爸媽都不當一回事，孩子也就更不可能自發性地去改變。當孩子陷入拖延漩渦或迷失在拖延的舒適圈裡，也許以大人的角度來看會覺得他毫無壓力，但事實上，孩子的壓力都隱藏在看不見的地方，而這分壓力也會影響孩子的自尊、自信、情緒和人際關係。

要改變孩子的拖延，建議一次從一件小事開始改變。

至於這件小事是什麼？

可以是順手把桌上紙張丟到回收箱，用完的筆收到鉛筆盒中，或是將不再看的書擺回書架上。

每個人都需要給自己一點正向回饋，如果一次給孩子太多任務，可能會讓他心生畏懼而造成反效果、壞了行動力。

讓孩子完成看似微不足道的小任務，除了能讓他將原本不好的習慣一個個扭轉過來，養成將物品立即歸位的好習慣，也能讓他在完成後產生正回饋。

以整理物品為例，我們可以透過以下方式讓孩子逐步改變生活習慣：

1. **從局部範圍開始進行調整**。例如先將任務範圍設定在餐桌、書桌或書櫃，把孩子需要整理的區域或工作內容設定清楚，並具體設定整理的起迄時間，讓孩子善用零碎的時間來進行。
2. **把相似的工作內容集合在一起**。例如要整理物品時，將書房裡的書桌、書包、書櫃看成同一單位，一起進行處理。
3. **必要時，把整理時間提前**。這能避免孩子又有諸如「事情太多，來不及做」或「沒時間」等推託之詞。
4. **如果擔心設定好完成時間，他卻還是拖著不做，可以在一旁陪同，讓他在你眼**

前把該做的事情完成。這麼做，也能同時觀察孩子完成每件任務所需要的時間。

制定SOP

讓每件事情有個SOP（標準作業程序Standard Operating Procedures），孩子就能在固定的時間、地點，做固定的事情。例如某些物品最好被固定放在同一位置，並且別任意去更動它，用完就要隨時放回原處。

制定SOP能為孩子塑造一個良好的規律，而隨著一次又一次的實際演練，孩子也比較能下意識地在同一時間、同一地點，做某件事，而不致拖延。

承諾履行與懲罰

孩子總是可以搬出一百零一個理由，解釋為什麼他沒有做這個、沒有做那個。

日常生活中的細微小事，請避免幫孩子做，幫他做了又對他嘮叨，更是無法達到任何幫助。

以清洗碗盤為例，若孩子不想洗，我會反問：「要怎麼做，你才會洗餐盤？」也許他會回答：「我不要洗那麼多。」「能不能輪流洗？」「我想洗自己的就好！」「能不能十點鐘再洗？」我們便能由此得知其確切想法。無論他接著給出什麼樣的承諾，請記得一件事情：不管怎樣，他都得履行承諾。

孩子在該做事情A而沒有做時，通常是因為他跑去做了事情B。這時，我們可以觀察一下：這件能吸引孩子的事情B到底是什麼？如果孩子在過去經驗裡，一再違反承諾好的約定，不妨先暫停他進行事情B的權利，以作為條件的交換。

分享正面事例

和孩子分享一些故事，例如日本清潔界的國寶級達人新津春子——一位讓羽田機場連續兩年被評為世界上最乾淨機場的幕後功臣。打掃之於許多人，可能是件微不足道的事情，但新津春子用心維護，甚至從中培養出自己的生命哲學……

藉由分享此類正面的新聞內容，能讓孩子有機會了解別人看待日常小事的方式，並從中仿效。

孩子拖延，能不能用條件交換？

談獎勵的運用

「為什麼開口閉口都要談條件？」

薇薇媽向來對於凡事都要給孩子獎勵的教養方式感到不以為然。

「我們小時候不都是自動自發做事情，哪有什麼『把桌面收拾乾淨我就給你糖』、『把作業寫完就讓你看電視』這種事？」

「美芳，每個孩子都不一樣，教養的方式當然也要隨之調整。否則，為什麼坊間有那麼多教養書、網路上有那麼多教養文章？

「何況，如果『不談條件』這招對薇薇有用，妳也不會煩惱成這樣了。」玉琴試著讓妹妹轉念，她知道美芳從小就是個性固執了點。

「可是，按時把作業寫完，這不是天經地義之事嗎？」

「是，但多少還是需要一點執行的動力吧！別把『條件』、『獎勵』看得太嚴重，或許我們可以換個角度看，這只是給薇薇一個『願意動起來的誘因』。」

沒錯，任何事情都需要有個起頭。

對薇薇來說，這段時間最欠缺的就是那股動力。

「誘因？我哪能想到什麼誘因？」

「回想一下，哪些事物最容易喚起薇薇的注意和興趣，甚至讓她想要主動投入？當然，未必是物質上的供給。」美芳像在為玉琴進行親職諮商似地，試著讓她慢慢對薇薇有所覺察。

「然後呢？」

「從中選出能讓薇薇產生動力的事物，作為解決她拖延的誘因。」

「話是這麼說，但我還是不知道該怎麼做……」玉琴一臉茫然。

「就先回到我們自己身上吧。雖然我們一向很自律，但多少一定有讓我們裹足不前、想逃避的事情。

「想想看，每次要動手去做這些事時，妳是不是會心想：『等這件事情完成了，我就要……』？」美芳把話停在這。

美芳知道，要解決一個人的拖延並非一蹴可幾，讓玉琴先以自己的經驗沉澱、醞釀一下，待她清楚些，或許就能扮演起如心理師一般的角色，陪伴薇薇解決長期以來的拖延習性。

「『我就要……』自己填空吧！對每個人來說，最好的獎勵就在裡面。」美芳露出意味深長的微笑。

孩子拖延，心理師這麼說——

該不該給予獎勵？

孩子是需要被獎勵的，雖然這些獎勵是外在的刺激，但某種程度上，它還是能發揮應有的作用——讓孩子動起來。

有些家長可能會質疑：「為什麼我要孩子做他該做的事，卻得獎勵他？」「為什麼非得靠這些外在的誘因才能改變？」其實，每個孩子的狀況不盡相同。當我們給孩子一個做事的誘因（這裡指的是獎勵），而那個獎勵也能讓他有所改變，這個獎勵制度就值得執行看看。

孩子完成了某項任務（即便只是一件小事），不妨鼓勵他給自己一個大大的自我回饋，讓他知道只要在時間內把事情完成了，就不用再受到批評與指責。當然，如果能提前做完而沒有任何拖延，更要給自己一個大大的獎賞。這樣的正向回饋，將能讓他對於「下次也要把事情做好」產生期待，進而產生做事的動力。

給予實質獎勵後，可以再給孩子一點時間，讓他慢慢從物質供給、3C產品使用權等外在獎勵，轉為父母的一個笑容、一個擁抱等內在獎勵——是的，你的這些社會性回應，有時就能讓孩子感覺自己被肯定。

時間使用權

很多事情都要讓自己有個動手去完成的誘因，要讓孩子主動去做某些事情也是如此。其中，「時間使用權」就是一個很大的誘因。

以寫作業為例：要讓孩子愛上寫作業其實有些強人所難，但若能讓他有「把作業寫完，就能做我真正想做的事情」的觀念，也許就能讓他對做事產生一些動力。當孩子知道只要把作業寫完，剩餘的時間就可以任他自由運用，在合理範圍內享受喜歡的事，便會對於完成作業這回事有所期待。

有時我們會擔心，孩子把寫作業看成是一種獲得獎賞的手段，怕他少了一分對於寫作業應有的責任感。但是，當孩子已陷入嚴重的拖延，也許我們可以退一步，先把獎勵、誘因提出來。

當然，在孩子行使他的「時間使用權」時，爸媽就別再塞事情給孩子了，因為這樣的自由時間，可是他努力將任務完成換來的！

留意「條件式」親子關係

信用卡的「紅利點數」總是相當誘人，那些不斷累積的點數，總讓我們對於那些可供兌換、琳瑯滿目的物品產生無限遐想，物欲不斷地被放大，也讓我們不知不覺產生刷卡的欲望。

其實，若將信用卡的紅利點數換成父母與孩子間的行為與表現約定，也會有類似的作用。

「只要你完成某件事，或表現符合我的期待，就幫你蓋章、積點，甚至可以直接兌換獎品。反之，如果沒有做到或表現不好，點數就會被扣抵，或直接取消、限制你的權利。」像這樣，**類似紅利點數的行為契約，在某種程度上也能對孩子的表現發揮效果。**

當然，家長們也得留意自己在親子互動上，是否給予孩子太多的「條件」。

「趕快把功課寫完，我就讓你用LINE。」

「再拖拖拉拉、不去洗澡，待會就不能看電視！」

「如果在學校準時抄完聯絡簿，老師蓋了章，回家讓你玩手機。」

類似的對話，每天都在許多家庭上演。

你是否發現自己與孩子的互動，也充斥著各式各樣沒完沒了的「條件」？

我們不斷要求孩子，孩子也不斷向我們索求，彼此不停以條件往來。這之中，似乎少了點「無條件式」的關愛與互動……

一如本節前文所說，條件（獎勵與懲罰的執行設定）與紅利點數（行為表現的累積，以作為後續獎勵的兌換）的使用，在某個階段能帶來強效作用，尤其對於缺乏內在動機的孩子，「外在的獎勵」是具有十足吸引力的。

但是，我也必須強調，過多的條件將有礙親子關係的發展。關於這點，家長們不能不小心謹慎。

因為太多的條件，有時會讓孩子只注意到眼前可以兌換的物品或權利，而忽略了父母對他的愛與關注。

至於親子間若沒了條件的交換，孩子是否能夠自發性地去做事，這點就必須留待父母們謹慎觀察了。

孩子拖延，他竟然比我更生氣？

給家長們的省力教養祕訣

「世瑋，每次要你收書包，你就拖拖拉拉，到底要我說幾次？不過一點小事，為什麼總是做不到？」媽媽已經受不了世瑋的惰性，索性彎下腰替他整理書包。

「每次都要我幫你收，你以為媽媽的時間很多嗎？」媽媽口中依然唸個不停，世瑋卻還是滿臉愉悅地繼續滑手機。

「我在跟你講話，你到底有沒有聽到？馬上把手機收起來！」世瑋被媽媽突然放大的音量嚇一跳。

「收就收嘛，幹麼那麼大聲？」

「收收收……你不只收書包慢吞吞，連要你把手機收起來都要讓我講個不停。」

「媽媽，不要再唸啦！妳愈唸，我就愈不想收。不過是收個書包，嘮嘮叨叨，煩死了！」世瑋雖然把手機關了，卻又從書架上隨手取了本漫畫來看。

「出門上學、穿衣服、洗澡、吃飯，你有哪件事情不拖拖拉拉？你以為我愛唸啊！只要你把事情做好，我也不用這麼累啊。」

世瑋索性把身體側向一邊，不理會媽媽。

媽媽心裡很清楚，關於世瑋的拖延，不停叨唸也無法帶來丁點作用。但是，如果不開口說點什麼，又怕世瑋更加不知道自己在幹麼。媽媽覺得好疲倦，就像掉入一個不斷惡性循環的黑洞。

「如果連生活細節都沒辦法搞定，長大後要如何面對更複雜的事情、承擔更多的責任？」媽媽為了世瑋的事情懊惱不已。

孩子拖延，心理師這麼說——

為什麼在面對孩子拖延成性的問題時，孩子卻比我還生氣？這是許多父母認為超沒道理的一件事。父母在面對孩子的激動情緒時，往往會耗費大量的氣力，無法「成熟」面對眼前的問題。

「最省力」的教養

孩子鬧脾氣時，我們常常比他更生氣；孩子不乖時，我們選擇以「打」來處理。再不然，孩子做了不該做的事，正處於不安的情緒時，我們卻開啟了「說理」模式……難怪愈說，孩子愈氣，只能怪我們不懂得「挑時辰、看臉色」。

我們都忘了，什麼是「省力的教養」。

假設下列ＡＢＣＤ四種處理方式都能有效達到目的，讓孩子的激動情緒緩和下來。想想看，當孩子情緒激動時（暫時不管引爆原因），我們可以如何處理？四種教養方式中，哪一種所要消耗的能量最低，不至於讓自己筋疲力竭、氣得半死？

A. 立即開啟說教模式。

B. 情緒傾巢而出，責罵孩子。

C. 打下去。

D. 保持冷靜、溫柔堅定。

答案很顯然是D，「保持冷靜、溫柔堅定。」

請別急著預設立場，自我暗示：「第四點怎麼可能做得到？」既然這是最低耗能的處理方式，何不嘗試看看呢？接下來，讓我們來進一步討論ABC三種處理方式是否能帶來成效。

A. 立即開啟說教模式

在孩子情緒激動下，開啟說道理模式有用嗎？我持保留態度，因為孩子拖延往往並非知識上的不懂。而說教只會讓孩子愈加煩躁，甚至帶來更大的副作用。關於這點，只要問問孩子的心聲就能略知一二。青春期的孩子對此尤其「厭惡」。

B. 情緒傾巢而出，責罵孩子

開口責罵？孩子被罵了，他的行為就會因此改變嗎？其中的改變機制到底在哪裡？父母在責罵孩子時，往往遣詞具體，又喜歡掀舊帳。罵多了，不僅讓孩子覺得自己很糟糕，自尊心受影響，甚至變得不愛自己。何況父母在罵完小孩之後，往往也會感到心情低落，兩敗俱傷。

C. 打下去

在動手打孩子之前，請想想，為什麼我們總是告誡他不能用「打人」來解決問題，而我們自己卻可以？孩子激動時，打了他，就能解決問題嗎？

綜合上述分析，若想讓孩子情緒平穩下來，就先由我們做起，為孩子示範如何「保持冷靜、溫柔堅定」吧！

小心孩子模仿你

孩子有時就像一面鏡子，也反映出我們在日常生活中的情緒以及行為反應。而錯誤的情緒處理，也可能會讓孩子跟著效仿。因此，家長們請留意自己是否也總是處於生氣的狀態，並自我覺察這樣的情緒反應通常會維持多久的時間。

解析孩子無法消氣的原因

為什麼孩子總是氣那麼久？許多爸媽心裡都有這樣的疑惑，有時甚至看見孩子氣不消，爸媽乾脆也加碼，同台演出這場「氣」……

要說出「別生氣」三個字很簡單，但真正要當事人別氣，其實很不容易。以下分析幾個孩子難以消氣的常見情況，以作為讀者陪伴孩子度過生氣情緒的參考依據。

1. 不是故意的，但就是無法停止生氣。事實上，情緒的控制並沒有我們想的那麼容易，有時是想停也停不下來的。

2. **孩子面子掛不住，沒有台階下。**這特別容易發生在孩子哭鬧之後，因為他自己也會感到丟臉、不好意思。

3. **孩子在試探大人的底線。**孩子可能會覺得只要繼續生氣就有用，爸媽終究會因為在乎自己的小孩而妥協。這樣的心態，多少也有情緒勒索的成分。

4. **孩子一時不知道如何讓情緒緩和下來，沒有解決問題的出口。**

5. **孩子的想法「卡住了」。**一直往對自己不利的方向聯想，腦袋裡充滿負向思考，生氣的情緒也就持續瀰漫。

6. **孩子被父母的話激怒。**有時，爸媽的嘮叨或遣詞用字，可能會刺激到孩子，讓他的生氣情緒加碼延長。

協助孩子「消氣」

孩子一直在生氣，怎麼辦？

回想一下，孩子過去都是如何停止生氣的？在怎樣的情況下，他會停止生氣？

或者，孩子的生氣總是會維持一段很長的時間？

孩子生氣後，都會做什麼事情來讓情緒保持穩定？

此外，也請留意孩子是否又生氣了？與上一次生氣之間相隔多久？

生氣是很自然的，但我們要避免孩子在氣頭上太久。讓情緒回復平穩需要時間，但也不能是漫長的等待，因為生氣拖太久，將有礙其身心健康。**對於年紀較小的孩子，適度轉移其注意力會是讓他暫時停止生氣的一種方式。**至於如何轉移，沒有一定的標準，可以讓他去做別件事，或是用其他話題引開他的注意力。

有些孩子則需要我們安撫，或是在一旁靜靜陪伴。這時，有必要**讓他知道，我們是很關心他的情緒的，但也請別給予太多言語上的刺激或大道理。**

當孩子為尋求注意而拖延，怎麼辦？

談孩子的蓄意性拖延

向來在課業上有好表現的小敏，最近也開始出現拖延的情況了。

「功課好有什麼用？在媽媽眼裡，一切都是理所當然。每次都考卷看一看、成績單瞧一瞧，就只留下一句：『下次繼續加油！』」小敏發現，不管自己表現得再好，媽媽的注意力都只在小捷身上，心裡有無限的怨言。「加什麼油？我都這麼努力了，妳還不注意我？」

「我真討厭小捷！他出生前，我就像家裡的一顆明珠，每個人注意力都在我身上。現在所有人都只注意他，把我冷落到一旁。我就不信我沒有辦法扳回一城！」

小敏開始在心裡盤算如何從小捷身上奪回爸媽的視線。

「偷東西？」這念頭一出現，小敏馬上想到新聞上犯人雙手被銬上手銬的畫面，嚇得全身打哆嗦。「不行，這代價太大了！」

學別人打架？但是一想到可能會這裡瘀青、那裡流血的，搞不好還得上醫院，成本也太高了。對媽媽亂發脾氣？似乎又太耗體力……

「有了！」小敏突然靈光一閃。「哈！那我就不寫作業，在安親班時慢慢拖，留一部分回家寫，媽媽就得花時間來盯我寫作業了！」

想到這裡，小敏的嘴角揚了起來。因為她很清楚，寫作業的速度完全在自己的掌握之中。

事情果然如小敏所願，隔天媽媽的叮嚀聲馬上響起。

「小敏，妳怎麼搞的？今天作業怎麼沒在安親班寫完？」小敏沒有說話，暗自在心裡噗哧一笑。

「作業拿來這邊寫。小捷，你到房間裡玩。」儘管被媽媽兇了，小敏心裡卻很得意。因為這是小敏多年來首次贏得媽媽的注意力。

此後，小敏的拖延問題正式開始。

這讓小敏媽頭痛了好一陣子，百思不得其解。因為小敏以前從不會這樣。

「該不會是想跟小捷爭寵？」當先生拋出這個疑慮時，小敏媽實在一頭霧水。

打從自己生了第二胎，小敏媽就常聽周圍朋友說：「要留意老大的感覺。」「小心孩子們爭寵，他們都想得到爸媽的愛和關注。」「小心孩子可能會抱怨妳偏心、不公平。」朋友們的建議，小敏媽都可以理解。

但是，拖延和爭寵，到底有何關聯？小敏媽還在努力把這兩件事串在一起。

孩子拖延，心理師這麼說——

留意偏心與爭寵

別訝異，有些孩子表現出拖拖拉拉，背後的原因可能是出於「爭寵」、想獲得父母對自己的注意。他們可能會在心裡想著：「只要爸媽注意到我、把視線聚焦在我身上，就算被責罵也沒關係。」

現在的父母和孩子都很忙，甚至可能忙到沒時間好好關心彼此。而當孩子想要從父母身上抓回一點注意力，可能就會選擇把父母交代的事情擱置。

你也許會疑惑：「可是我會罵他啊！」再次強調，孩子會認為只要能被注意、能達到自己所要的目的，任何後果都無所謂。這點，請家中有兩個以上孩子的家長特別留意。

說出行為背後的想法

有時，孩子表現得中規中矩，反而容易讓我們誤將一切視為理所當然。當孩子特別想要獲得關注，多少也是在提醒我們留意，是否在不知不覺中忽視了他。**當孩子因為爭寵問題而有脫序表現，父母不妨直接表達對於該行為背後的想法：「媽媽／爸爸知道你這麼做，其實是希望我多注意你一些。」**

當我們顧及孩子的隱私，在非公開場合和孩子把話給攤開，將他們的行為目的說出來，通常其故意拖延的行為也會明顯減弱。

製造單獨相處的機會

每個孩子都會希望自己是父母心中的全部、是獨一無二的。雖然在現實中，我們通常無法做到真正的公平，但可以盡力而為，並同理孩子的感受。

多製造一些與個別孩子單獨相處的機會，很單純地陪伴眼前的「這一位」孩子。

請注意，這裡所說的「單獨相處」，不能是因為另外一位孩子而產生的。例如帶其中一位小孩到速食店用餐是為了等另外一位孩子下課，或是帶其中一人去逛街是因為要幫另一位小孩買東西等。這會讓當事人覺得爸媽依然只想到另一個手足，心裡更加不舒服。

留意與孩子們的互動差異

對待大女兒，你是否盡是成績、作業、生活習慣上的要求；對小兒子卻有許多陪伴，總是陪著他開心玩樂，或是說故事給他聽？

父母們必須留意與不同小孩之間的互動模式。當孩子問：「為什麼跟我說話時都是苦著臉，跟弟弟說話卻有很多笑容？」，父母就得注意自己是否會不經意地對較大的孩子持有許多要求與期待，而時常對他們板著一張臉。

關於這點，父母必須好好自我覺察。因為這樣的互動差異，將會給不同孩子帶來全然不同的感受。

留意自己的正向行為表現

改變對孩子的關注方式。過去可能只在孩子有拖延表現時（例如寫作業慢吞吞），會讓我們走過去對他有所要求。現在，請換個方式，**主動去看到孩子所完成的事**。讓他知道，原來主動去做一些事情，更能獲得父母的注意力。

有關孩子的爭寵問題，往往是父母需要調整的機率比較高。**只要父母願意改變，了解並滿足孩子的實際需求（例如渴望被關注、被陪伴），就有機會降低孩子透過不合理的行為來喚起他人注意的機率，拖延的頻率也會隨之降低。**

爸爸媽媽自己也愛拖延，怎麼辦？

展現決心，建立身教

「爸爸，你都一直要求我，你自己還不是一樣！飯後的碗筷、翻到一半的書都到處亂放。媽媽也常常要你物歸原位，結果你還不是一樣拖拖拉拉。」

「怎麼現在變成妳教訓起我來了？」

「我不是在教訓你，只是想說，如果自己也做不到，就不要要求別人。難道不是嗎？」爸爸被正值青春期的婷宜說到面紅耳赤，一時又無法反駁。

爸爸冷靜想想，自己的確習慣拖延，在工作上總是拖拖拉拉、無法在下班前做完事情，下班後也常在電競遊戲或夜間談話性節目等休閒活動上耗費過多時間、延遲了正事。日復一日下，待辦事項像循環利息般不斷滋生，不僅變成老婆眼中另一個需要不斷叨唸、提醒的小孩，更成為老闆以明示、暗示發出警告的對象。

爸爸雖然也為了自己在夫妻關係與工作表現上的處境感到擔憂，但被家裡的小毛頭當著面數落，羞愧之餘心裡仍頗不是滋味。

「我也不想這樣啊！一天工作下來，我也想要放鬆啊！」爸爸嘗試反駁。

「我們國中生不也一樣？誰不想放鬆啊！」婷宜立刻補了個回馬槍，再次重傷爸爸脆弱的自尊心。可見對抗拖延，大人可能毫無說服力。

「你還說我，你自己也是拖到火燒屁股了才開始做事情啊！」被孩子打臉的確很難堪，但正如婷宜所說，爸爸總是到了最後關頭才開始卯起來做事，又被時間壓迫得沒有好心情、好臉色，讓全家人常處於非常緊繃、低氣壓的狀態。

「我已經告訴你多少遍要提早做，為什麼每次都講不聽？害孩子都跟你同樣一副德行！」

「但我每次都能讓狀況迎刃而解啊！」

「你少強詞奪理！」爸爸的反駁讓媽媽很不以為然。「等你哪天無法準時交出案子，你才會知道拖延的嚴重性！」

眼看爸爸已陋習成性，難道也要放棄改正孩子嗎？當然不行。

媽媽心想：「先生已經是成人，得對自己負責。但婷宜還在成長中，我不能眼睜睜地看著她養成壞習慣，繼續沉淪……」

當爸媽自己也愛拖延，怎麼辦？

孩子拖延，心理師這麼說——

戒斷拖延，從父母做起

首先，我們必須檢視孩子的拖延習性是否來自大人不良的示範。模仿父母是對孩子來說最安全的一種模式，你怎麼做，孩子便怎麼學；當孩子因為耳濡目染而養成相同的行為模式時，便說明大人本身在行動力上沒有說服力，當然也就很難要求孩子做出改變。

因此，如果你期待孩子不出現拖延的毛病，便應該從自己開始擺脫拖延的惡習，且要有自信能夠成功克服。

為人父母者若能同時改變自己與孩子，可是一種雙贏的結局，何樂而不為呢？

展現改變的決心

那麼，如何讓孩子不拖延呢？當然，大人得做好身教。既然拖延對大人來說也是一種常見的壞習慣，那麼與其一味要求孩子改變，倒不如親子攜手共同克服這個毛病。

因此，當我們覺察到自己有這個毛病時，請坦誠地讓孩子知道，請他們接受爸媽也有不完美的地方，同時表現出改變的態度跟決心，而非因為孩子的數落，便陷入沮喪、缺乏行動力的狀態。

拖延雖然是令人討厭的特質，但有此特質並不可恥，而我們接納自己的拖延，也不表示自己永遠就是那樣；相反地，若讓拖延蔓延，我們的下場將會很可悲，因此應該從現況出發，逐漸做出一些改變。

親子攜手克服拖延

在親子共同努力的過程中，首先得向孩子坦承自己也正面對拖延的壞習慣，再和孩子一起分析彼此拖延的習性，並設定努力的目標。當消極的反應或拖延的習性在過程中再次出現時，也別忘了以互相提醒、叮嚀、加油打氣來取代嘲諷或揶揄。

同時，身教重於言教，**若自己尚未克服拖延的習慣，便不宜輕易地對孩子做出不合理的要求**，而是應該向孩子明確表達自己想要改變的動機，同時引導孩子一起行動，如此便可提高孩子改變的機率。

在執行面上，則可以邀請孩子一起思考如何解決大人的拖延問題，讓孩子易地而處，以較清明的思緒提供具建設性的提議，並在收集完全家人的意見、評估當中的可行性後，分別訂定出屬於大人與孩子努力的計畫與優先順序，然後開始執行。

執行的過程亦可以透過與孩子訂立約定、未達到預定目標便需要履行承諾等方式來提高執行的效率。

克服拖延，像是未來的自己正和過去的自己較量，而勝負則取決於現在的自己。當現在的自己像個裁判般，看著過去跟未來的自己相互拉扯時，請切記，多給未來的自己一些力量、展現克服的勇氣與決心。

一旦成功克服拖延，你將重新尋回自信、更懂得欣賞與接納自己，並在生命中活出更漂亮的身影。

國家圖書館預行編目資料

戒掉孩子的拖延症／王意中著 --初版.--臺北市：寶瓶文化, 2017.7
面； 公分.--(Catcher；88)
ISBN ISBN 978-986-406-089-4(平裝)

1.親職教育 2.親子關係

528.2 106006596

Catcher 088

戒掉孩子的拖延症

作者／王意中

發行人／張寶琴
社長兼總編輯／朱亞君
副總編輯／張純玲
資深編輯／丁慧瑋
編輯／林婕伃
美術主編／林慧雯
校對／林婕伃・陳佩伶・劉素芬・王意中
營銷部主任／林歆婕　業務專員／林裕翔　企劃專員／李祉萱
財務／莊玉萍
出版者／寶瓶文化事業股份有限公司
地址／台北市110信義區基隆路一段180號8樓
電話／(02)27494988　傳真／(02)27495072
郵政劃撥／19446403　寶瓶文化事業股份有限公司
印刷廠／世和印製企業有限公司
總經銷／大和書報圖書股份有限公司　電話／(02)89902588
地址／新北市新莊區五工五路2號　傳真／(02)22997900
E-mail／aquarius@udngroup.com

著作完成日期／二〇一七年五月
初版一刷日期／二〇一七年七月二十日
初版四刷日期／二〇二二年七月八日

ISBN／978-986-406-089-4
定價／三〇〇元

AQUARIUS 寶瓶 文化事業

愛書人卡

感謝您熱心的為我們填寫，
對您的意見，我們會認真的加以參考，
希望寶瓶文化推出的每一本書，都能得到您的肯定與永遠的支持。

系列：Catcher 88　**書名：戒掉孩子的拖延症**

1. 姓名：＿＿＿＿＿＿＿＿　性別：□男　□女
2. 生日：＿＿＿年＿＿＿月＿＿＿日
3. 教育程度：□大學以上　□大學　□專科　□高中、高職　□高中職以下
4. 職業：＿＿＿＿＿＿＿
5. 聯絡地址：＿＿＿＿＿＿＿＿＿＿＿＿＿＿＿＿＿＿

   聯絡電話：＿＿＿＿＿＿＿＿　手機：＿＿＿＿＿＿＿＿
6. E-mail信箱：＿＿＿＿＿＿＿＿＿＿＿＿＿＿

   □同意　□不同意　免費獲得寶瓶文化叢書訊息
7. 購買日期：＿＿＿年＿＿＿月＿＿＿日
8. 您得知本書的管道：□報紙／雜誌　□電視／電台　□親友介紹　□逛書店　□網路　□傳單／海報　□廣告　□其他
9. 您在哪裡買到本書：□書店，店名＿＿＿＿＿＿　□劃撥　□現場活動　□贈書

   □網路購書，網站名稱：＿＿＿＿＿＿＿　□其他＿＿＿＿＿＿
10. 對本書的建議：（請填代號　1. 滿意　2. 尚可　3. 再改進，請提供意見）

    內容：＿＿＿＿＿＿＿＿＿＿＿

    封面：＿＿＿＿＿＿＿＿＿＿＿

    編排：＿＿＿＿＿＿＿＿＿＿＿

    其他：＿＿＿＿＿＿＿＿＿＿＿

    綜合意見：＿＿＿＿＿＿＿＿＿＿＿＿＿＿＿＿＿＿＿＿＿＿＿
11. 希望我們未來出版哪一類的書籍：＿＿＿＿＿＿＿＿＿＿＿＿＿＿

讓文字與書寫的聲音大鳴大放

寶瓶文化事業股份有限公司

（請沿此虛線剪下）

廣 告 回 函
北區郵政管理局登記
證北台字15345號
免貼郵票

寶瓶文化事業股份有限公司 收

110台北市信義區基隆路一段180號8樓

8F,180 KEELUNG RD.,SEC.1,

TAIPEI.(110)TAIWAN R.O.C.

（請沿虛線對折後寄回，或傳真至02-27495072。謝謝）